# 律师基础理论与实务研究

郭一帆 著

延边大学出版社

## 图书在版编目（CIP）数据

律师基础理论与实务研究 / 郭一帆著. -- 延吉：延边大学出版社, 2022.8
 ISBN 978-7-230-03594-1

Ⅰ. ①律… Ⅱ. ①郭… Ⅲ. ①律师业务－研究－中国 Ⅳ. ①D926.5

中国版本图书馆 CIP 数据核字(2022)第 142442 号

## 律师基础理论与实务研究

| | |
|---|---|
| 著　　者： | 郭一帆 |
| 责任编辑： | 张艳秋 |
| 封面设计： | 姬　玲 |
| 出版发行： | 延边大学出版社 |
| 社　　址： | 吉林省延吉市公园路 977 号　　邮　编：133002 |
| 网　　址： | http://www.ydcbs.com　　E-mail：ydcbs@ydcbs.com |
| 电　　话： | 0433-2732435　　传　真：0433-2732434 |
| 印　　刷： | 英格拉姆印刷（固安）有限公司 |
| 开　　本： | 787 毫米×1092 毫米　1/16 |
| 印　　张： | 14.5 |
| 字　　数： | 200 千字 |
| 版　　次： | 2022 年 8 月第 1 版 |
| 印　　次： | 2022 年 8 月第 1 次印刷 |
| 书　　号： | ISBN 978-7-230-03594-1 |

定　　价：68.00 元

# 序　言

律师是一个专业又充满挑战的职业，律师学是一门专门研究律师的学科。本书针对律师学的基础理论和前沿实务问题进行研究，旨在为律师行政管理、行业管理、律师事务所的管理等提供理论支撑，为律师参与法律实务提供参考和建议。

本书从理论和实践两个方面介绍了律师的相关知识，理论方面介绍了律师的起源、历史发展、现状、分类、资格取得、职业道德等内容，实践方面介绍了律师接见当事人、代理、辩护、从事非诉讼业务的具体内容。本书内容较为具体、全面，基本涵盖了律师法学的相关规定和实践要点，既是律师法学的学术研究成果，也是律师法学实践教学的指导书籍。

本书探讨了律师参与涉外业务的方法和意义，也论述了律师参与企业合规经营的必要性，与同类书籍相比具有一定的创新性和实用性。在写作方法上，本书以相关法律条文为基础，既有理论叙述，又有恰当的案例说明，对不同的章节进行了详略得当的安排，具有针对性和可读性，可以使读者较为清晰地把握律师学的基本知识。本书适合从事法律工作的专门人才、对律师学感兴趣的读者以及法学专业的学生作为学习材料使用。

本书为山西省教育科学"十四五"规划2022年度规划课题"山西省高校涉外法治人才培养方案研究（GH-220185）"相关成果。

# 目 录

## 第一章 律师制度的概述 ……………………………………… 1
  第一节 律师制度的含义和特征 ……………………………… 1
  第二节 律师制度的历史发展 ………………………………… 3

## 第二章 律师的概念、性质和社会责任 ………………………… 18
  第一节 律师的概念、性质 …………………………………… 18
  第二节 律师的社会责任 ……………………………………… 28

## 第三章 律师执业许可 …………………………………………… 32
  第一节 律师资格与律师执业 ………………………………… 32
  第二节 兼职律师制度与律师宣誓制度 ……………………… 38

## 第四章 律师执业机构和律师管理体制 ………………………… 45
  第一节 律师执业机构 ………………………………………… 45
  第二节 律师管理体制 ………………………………………… 51

## 第五章 律师的权利和义务 ……………………………………… 58
  第一节 律师的权利 …………………………………………… 58
  第二节 律师的义务 …………………………………………… 66

## 第六章 律师的职业道德和执业纪律 …… 74
### 第一节 律师的职业道德 …… 74
### 第二节 律师的执业纪律 …… 78

## 第七章 律师收费和法律援助 …… 82
### 第一节 律师收费 …… 82
### 第二节 法律援助 …… 86

## 第八章 律师的法律责任 …… 98
### 第一节 律师的法律责任概述 …… 98
### 第二节 律师的行政法律责任 …… 99
### 第三节 律师的民事法律责任 …… 104
### 第四节 律师的刑事法律责任 …… 106

## 第九章 律师接待当事人的注意事项 …… 111
### 第一节 接待当事人的要点 …… 111
### 第二节 接待当事人五"不准" …… 117

## 第十章 刑事诉讼中的律师辩护 …… 121
### 第一节 刑事辩护的概述 …… 121
### 第二节 律师对辩护的准备 …… 124
### 第三节 律师的主要辩护职责 …… 136

## 第十一章 刑事诉讼中的律师代理 …… 140
### 第一节 刑事诉讼中的律师代理概述 …… 140
### 第二节 公诉案件中的律师代理 …… 141
### 第三节 刑事自诉案件中的代理 …… 143

第四节　刑事附带民事案件中的律师代理 …………………… 146

　　第五节　刑事律师的实务要点 ………………………………… 148

## 第十二章　民事诉讼中的律师代理 …………………………………… 150

　　第一节　民事诉讼及律师代理概述 …………………………… 150

　　第二节　庭前准备阶段 ………………………………………… 160

　　第三节　二审庭审程序中律师的博弈 ………………………… 165

　　第四节　律师办理再审案件的注意事项 ……………………… 169

　　第五节　特别程序的律师代理 ………………………………… 170

## 第十三章　行政诉讼中的律师代理 …………………………………… 174

　　第一节　律师代理行政诉讼概述 ……………………………… 174

　　第二节　律师代理行政复议的工作流程 ……………………… 179

　　第三节　律师代理行政诉讼的工作流程 ……………………… 180

　　第四节　律师代理行政执行和行政赔偿案件 ………………… 182

## 第十四章　律师办理诉讼外业务概述 ………………………………… 184

　　第一节　律师代办公证 ………………………………………… 185

　　第二节　律师主持或参与调解 ………………………………… 187

　　第三节　律师见证 ……………………………………………… 190

　　第四节　律师资信调查 ………………………………………… 194

　　第五节　法律咨询 ……………………………………………… 195

　　第六节　代书 …………………………………………………… 197

　　第七节　律师参与仲裁 ………………………………………… 198

　　第八节　律师参与企业合规业务 ……………………………… 208

**第十五章　律师涉外业务的办理**……………………………211

　　第一节　涉外业务的现状…………………………………211

　　第二节　涉外业务的分类…………………………………212

　　第三节　涉外律师的基本技能……………………………213

　　第四节　涉外业务需要了解的法律规定…………………215

**参考文献**……………………………………………………219

# 第一章 律师制度的概述

## 第一节 律师制度的含义和特征

### 一、律师制度的含义

律师制度是指国家法律确认的有关律师的制度体系,是国家制定或者认可的,规定律师、律师组织和律师管理机关的法律地位及其相互关系,以及律师进行职业活动时所必须遵循的一系列法律规范的总和。①

### 二、律师制度的特征

(一)律师制度以国家法律的确认为存在的前提

律师的主要职责是向社会提供法律服务,但是,是否需要和允许提供法律服务,如何提供法律服务,直接关系到国家和社会的利益,关系到统治秩序的稳定,因此这些问题必须由国家来决定,由法律来确认。没有法律的确认,律师提供法律服务就没有合法的地位;没有法律的保障,律师制度就不可能存在。

---

① 邱志红:《现代律师的生成与境遇》,社会科学文献出版社,2012,第2页。

规定我国律师制度的法律规范主要有五种。

（1）基本法：《中华人民共和国宪法》（以下简称《宪法》）；

（2）法律：《中华人民共和国律师法》（以下简称《律师法》）、《中华人民共和国民事诉讼法》（以下简称《民事诉讼法》）等；

（3）部门规章：《国家司法考试实施办法》《律师执业管理办法》《律师事务所管理办法》《律师服务收费管理办法》等；

（4）地方性法规：《深圳经济特区律师条例》《珠海市律师执业保障条例》《重庆市律师服务收费管理实施办法》《福建省司法厅关于律师事务所设立审核程序的规定》等；

（5）行业规范：《中华全国律师协会律师执业行为规范》等。

## （二）律师制度以维护国家司法制度和保障人权为目的

现代社会，司法制度是一国法律制度的重要内容，代表国家和社会在司法领域的意志和利益。律师制度作为司法制度的重要组成部分，是按照司法制度的要求建立起来并为之服务的。在我国，坚持和完善中国特色社会主义律师制度，是建立公正、高效、权威的社会主义司法制度的重要环节。

律师参与司法的主要目的，在于维护当事人的合法权益，协助国家司法机关客观、公正地实现其司法职能。律师维护当事人的合法权益不仅是律师制度建立的目的，而且是我国司法制度保障人权的实现途径。

## （三）律师制度以提供法律服务为核心

当今社会，由于社会政治、经济活动复杂，立法纷繁众多，一般人无法通晓法律，因此，处理法律事务就必须有律师参与，以至于现在到了离开律师，社会生活就无法正常运转的地步。律师的业务活动已成为社会生活不可缺少的重要组成部分。

律师的职责是以当事人的委托为前提，用自己的法律专业知识和技能为当事人提供法律服务，协助司法机关和行政机关正确施行法律，促进司法民主化、行政民主化，维护当事人的合法权益。

## 第二节 律师制度的历史发展

### 一、西方律师制度的产生和发展

西方国家的律师制度最早可以追溯到古希腊和古罗马时期，并于古罗马时期得以"基本草创"；到了中世纪，律师制度陷入衰落和停滞状态；近代以来，律师职业和律师制度有了长足的发展，成为现代民主制度的重要组成部分。

（一）古希腊：律师制度萌芽

律师及律师制度最早出现于实行奴隶制的古罗马，但以类似于律师身份从事案件当事人的诉讼代理或者在诉讼中充当被告人的辩护人的活动，则可以追溯到古希腊的雅典。

在公元前6世纪的雅典城邦，出现了律师的雏形——辩护士或保护人。这些辩护士通常是一些能言善辩的"雄辩家"，他们受委托为当事人撰写发言稿，并在法庭上为其辩论。他们的角色类似于现代的诉讼代理人，但这些"雄辩家"的活动没有形成一种职业，更没有这方面的立法，他们只能被看作律师的萌芽。

公元前1世纪左右，在古罗马进入帝国时代时，职业法学家阶层已形成。在当时，古罗马法学家分为专门从事著书立说、阐释法律的法学家和专门以代言人、代理人为职业的法学家，他们提供咨询意见，代表当事人参加诉讼。

约在公元3世纪，罗马帝国以诏令形式确认了这类人的身份，这类人参与民事、刑事案件，逐渐形成职业团体，并向当事人收取费用，成为历史上第一批职业律师。为了区别于专门从事著书立说和阐释法律的法学家，法律规定，专门以代言人、代理人为职业的法学家叫"律师"，于是，开始有了律师的名称和概念。①

到了罗马帝国后期，"代言人""代理人"制度逐渐规范和完善。法律规定，一般公民不能担任代言人、代理人，从事律师职业的人必须品格端正，精通法律，善于辞令，且有解释法律的资格。罗马时期的律师属于自由职业者。做律师有三个条件：第一，具有完全行为能力；第二，必须是男性；第三，具备一定的法律知识。在当时，律师的法律服务活动受法律保护。

### （二）中世纪：律师制度衰落和停滞

中世纪是指公元 467 年西罗马帝国灭亡至公元 1453 年东罗马帝国灭亡这段时期，是欧洲封建社会时代。

由于长期的封建割据和自给自足的农奴主经济阻碍了商品经济的发展，中世纪的民事法律关系失去了原有的重要意义；加上欧洲封建社会实行纠问式诉讼，审理案件实行有罪推定，当事人的权利受到很大的限制，当时被告人是被拷问的对象，而不是有辩护权的当事人，律师制度失去了赖以生存的经济、政治、法律条件，陷入衰落和停滞状态。例如，在 12 世纪前的法国，虽保留律师制度，但只有僧侣阶层才能当律师，且主要是在宗教法院执行律师职务。②

### （三）近现代：律师制度重新确立和迅速发展

近代资产阶级的律师制度，是 17、18 世纪资产阶级民主革命的产物。资产阶级用宪法和法律确定了人权民主的律师制度，律师制度因此获得了长足的发展。

---

① 何金英：《从历史起源分析律师角色定位》，《法制博览》2018 年第 25 期。
② 王浩然：《宋代讼师与英国中世纪律师对我国律师制度建设的比较研究》，《商品与质量》2012 年第 4 期。

17、18世纪，一大批资产阶级启蒙思想家提出了反对封建专制和倡导自由、平等、博爱的主张，提出了"三权分立""罪刑法定"等一系列原则，并主张用辩论式诉讼代替封建的纠问式诉讼。在这种诉讼模式下，被告人有权为自己辩护，也可以聘请律师和他人为自己辩护。这为律师制度的发展奠定了思想和法律上的基础。

资产阶级革命胜利后，各国先后以法律的形式确立了律师制度。例如，英国1679年颁布的《人身保护法》明文规定了诉讼中的辩论原则和辩护权；1791年，美国的《宪法第五修正案》第6条规定了被告人享有的律师辩护权；法国宪法也确立了本国的律师制度，并在1808年的《刑事诉讼法典》中将其系统化和制度化。

### （四）现代律师制度的特点和发展趋势

#### 1. 律师的数量迅速增长

19世纪80年代后，律师人数增长非常迅速。律师人数增长主要受到经济发展的影响——经济发展带动社会发展，社会发展使得为社会提供法律服务的律师的需求量也相应增长，律师的收入和社会地位也不断得到提高。在美国，1970年取得律师资格的人数是27.4万，1990年就增长到77.4万，2000年已经突破85万。在英国，1957年约有律师3万人，1977年约为4万人，1992年英国的人口增长甚微，但律师却猛增到约8万人。其他发达国家的律师数量在这段时间也有较大的增长。

我国自1980年恢复律师制度以来，律师人数也在逐年增长。1980年，我国约有律师5千余人，1989年达到3万人，1993年增至7万人，2004年达到11.4万人，2007年是近14万人，2010年达到了19.4万人。[1]中华人民共和国司法部在《全面深化司法行政改革纲要（2018—2022年）》中提到，2022年全国律师总数将达到62万人，每1万人中的律师数量将达到4名。

---

[1] 陆丽：《我国律师职业历史发展之探讨》，《法制与社会》2011年第12期。

**2. 律师的业务范围越来越广泛，非诉讼法律事务所占比例越来越大**

最初，律师的业务主要是为民事当事人代理诉讼和为刑事被告人辩护，即主要是诉讼业务，围绕法庭活动展开。有些国家甚至曾经把律师的业务局限于法庭活动。

现在，随着经济的发展，非诉讼法律事务在律师业务中所占的比重越来越大。在市场经济条件下，律师的主要功能或者说当事人求助于律师的主要目的恰恰是避免诉讼。律师在诉讼前就起着预防纠纷和进行法律服务的作用。人们的活动有了律师的参与，由律师事先把关，减少了纠纷发生的可能性，诉诸法院的争议也就减少了。

当今发达国家的律师在非诉讼领域的业务量占律师总业务量的80％以上。[1]

**3. 律师的分工和分类越来越专业化**

随着律师业务范围的拓展以及法律的细化程度越来越高，任何一个律师，不管其业务能力多强，精力多么充沛，也很难包揽各个方面的业务，这就使得律师走上了业务专业化的道路，律师的分工也越来越专业。所谓律师的专业分工，就是根据律师业务的划分情况，由不同律师深入掌握某一方面法律知识和从事该方面法律事务的技能，专门从事该类业务。

专业化是必然的趋势，因为学有所长，业有专攻，任何一个律师都不可能包揽所有业务，而且社会需求也日趋多样化和专业化。律师的专业化也会影响律师事务所的专业化，某方面的专业律师集中的律师事务所，也就在该方面业务的发展上有了自己的优势和特色。

**4. 律师事务所趋向大型化和规范化**

在资本主义发展的初期，绝大部分律师都是个人从业。19世纪50年代以后，合伙律师事务所开始增多，大部分合伙律师事务所只有2～5个律师。到了20世纪后期，律师事务所开始向大型化发展。美国、英国等发达国家的律

---

[1] 冀祥德：《律师法学的新发展》，中国社会科学出版社，2016，第14页。

师行业发展最为迅速，目前，美国和英国都有律师人数超过千人的大型律师事务所。①

在律师事务所向大型化发展的同时，小型律师事务所仍有其用武之地。目前，在发达国家，仍有多数律师在只有 2～5 人的小型律师事务所工作，个人从业的律师也依旧占有相当大的比重。

## 二、中国律师制度的产生和发展

### （一）中国古代律师的萌芽：辩护士和讼师

#### 1. 中国历史上最早出现的代理人——"辅"与"坐"

《周礼》记载："凡命夫命妇不躬坐狱讼。"对此，《周礼疏》解释道："古者取囚要辞，皆对坐。治狱之吏皆有威严，恐狱吏亵，故不使命夫命妇亲坐。若取辞之时，不得不坐，当使其属或子弟代坐也。"命夫，指"男子之为大夫者"；命妇，指命夫之妻。就是说，凡是担任大夫及以上官职的人和其妻子，无论是告人，还是被人告，都不必亲自到堂受审，可由其家人或下属代为参加，其目的是使贵族不致在狱吏面前受辱。可见，中国从春秋时期就有了类似于（但不同于）现在的诉讼代理人的人——"辅"与"坐"，也被称为"辩护士"。②

此外，年老及患有"笃疾③"的人，除告发或被告犯谋反、叛逆及不孝罪的必须亲自到堂陈述或辩解外，其余的事，可以由同居亲属代告或代为辩解。

#### 2. 中国古代的讼师

春秋末期，除上述基于特权法产生的可以直接到堂参加诉讼的代理人外，

---

① 陈同：《律师制度的建立与近代中国社会变迁》，《社会科学》2014 第 7 期。
② 邱志红：《从"讼师"到"律师"——从翻译看近代中国社会对律师的认知》，《近代史研究》2011 年第 3 期。
③ 笃疾：指重病、不治之病。

还有一种帮人写状子、帮人打官司但不被法律承认的人——讼师。

奴隶主阶级和封建地主阶级为确保江山社稷,历来推行的都是愚民统治,因此,那时的普通百姓不仅不可能了解法律法规、熟悉司法程序,即使能读书、会写字的人也是凤毛麟角。但是各种诉讼却时常发生,人们需要懂法的人或会写字的人来帮助他们,讼师便应运而生了。从讼师产生的背景来看,可以肯定的一点是,无论讼师的品性如何,他首先是懂法或至少有一定文化的人。

### 讼师的"鼻祖"——邓析

邓析(? —公元前501年),与郑国著名的改革家子产生活在同一时代。子产执政时,他是郑国大夫,在政治上非常活跃。他坚决反对"礼治",既反对旧贵族,也反对新贵族,所以荀子说他"不法先王,不是礼义"。他对子产推行的一些改革政策感到不满,曾"数难子产之治",子产也难以应付。他提出"事断于法",所以还自己制定了法律,写在竹简上,被称为"竹刑"。他经常聚众讲学,私家广招门徒,传播法律知识和诉讼技巧。

据《吕氏春秋·离谓》记载,邓析"与民之有讼者约,大狱一衣,小狱襦裤。民之献衣裤而学讼者,不可胜数"。邓析还直接帮助人们打官司。他非常擅长辩论,"操两可之说,设无穷之词",并能"持之有故,言之成理""以非为是,以是为非",堪称中国讼师第一人。但因其过于活跃,使得"郑国大乱,民口喧哗",被郑国当时的执政者所杀。①

### 《吕氏春秋》:"赎尸诡论"

洧水甚大,郑之富人有溺者,人得其死者,富人请赎之,其人求

---

① 张华强:《从"邓析应法"看制度管理》,《企业管理》2010年第12期。

金甚多，以告邓析，邓析曰："安之！人必莫之卖矣。"得死者患之，以告邓析，邓析又答之曰："安之！此必无所更买矣。"①

中国古代除"讼师"外，还有一种人被称为"讼师"的"变种"——"讼棍"。《辞源》对"讼师"和"讼棍"是这样解释的：讼师，协助人办理诉讼事务的人；讼棍，挑唆人兴讼并从中牟利的人。可见这是两个不同的概念。但自从讼师产生，就是褒少贬多，甚至一说到讼师就让人想到狡猾、奸诈，"虚构事实，颠倒是非，教唆诉讼，或串通官吏，从中牟利"。在人们的观念中，讼师往往就等于讼棍。

有学者称："在传统的社会里，讼师素来受人轻贱，他们的形象……是贪婪、冷酷、狡黠、奸诈的，最善于拨弄是非，颠倒黑白，捏词辨饰，从中渔利。"

人们之所以这样看待讼师，大概有以下两个原因：

其一，讼师群体中确有一些品性不良的人，他们调词架讼，与官府勾结，从中渔利。这样的人就是真正的讼棍。但这不是一个普遍现象。

其二，在中国，人们之所以对讼师存有上述偏见，最根本的原因是深植人心的厌讼心理。

### 3. 对古代辩护士、讼师的基本评价

第一，辩护士、讼师等本质上不属于法学家，其活动的目的不是使民众了解法律、掌握法律和运用法律。

第二，辩护士的行为不为统治者所认可。

第三，中国古代讼师的活动仅限于诉讼前的准备阶段。他们不是法律方面的专家，他们仅仅是"识字人"，在堂外代人撰写词状，也不成为一种职业。

中国古代的辩护士、讼师不被要求懂得法律，他们不是法律方面的专家，他们的活动没有法律依据，也没有法律引导和调整，处于自发和无序的状态，不成为一种执业活动，所以他们与现代律师有根本的区别。

---

① 张西振：《从垄断红利到规则红利》，《企业管理》2013 年第 5 期。

### 4. 中国古代未孕育出律师和律师制度的原因

第一,经济原因。中国古代商品经济不发达,基本上是农业社会,自给自足的自然经济占统治地位,社会结构相对简单,资源流动性小,与商品经济条件下的社会相比,发生纠纷、诉讼的可能性也小,因而没有律师产生的经济基础,这是根本原因。

第二,政治原因。高度中央集权的专制统治和民主传统的缺乏,是古代中国没有产生律师制度的另一个重要原因。中国自进入文明社会以来,实行的就是王权的统治,中国古代从未出现过类似于古希腊、古罗马的"共和政体"。在专制统治下,中国古代等级制度森严,没有民主可言,诉讼主体本身常常就是法定不平等的,实行的是纠问式诉讼形式。律师制度从出现开始就是以民主的辩论式诉讼形式为前提的。民主的不发达以及诉讼制度的不平等,是中国古代未能产生律师制度的政治原因。

## (二) 近代中国律师制度的建立

近代中国律师制度的发展,一方面源于西方各国律师制度的传入,刺激了中国律师制度的需求;另一方面则源于中国主动的法律移植。例如,清末修律、南京临时政府对律师制度的探索、北洋政府公布《律师暂行章程》,以及南京国民政府对律师制度的修订和完善等。

### 1. 清末修律——律师制度的探索

1906年,清末著名法学家沈家本主持起草了《大清刑事民事诉讼法》,其中律师一节(199~207条)对取得律师资格的条件、律师注册登记的程序、律师的职责、律师的惩戒措施,以及外国律师在通商口岸办案的获准程序等首次做了具体的规定,这是中国历史上第一次规定了辩护制度和律师制度。但由于这部法典遭到封建守旧势力的强烈反对,未能颁布实施。[1]

1910年,清政府再次拟定《刑事诉讼法草案》和《民事诉讼法草案》,规

---

[1] 尤陈俊:《阴影下的正当性——清末民初的律师职业与律师制度》,《法学》2012年。

定并修订了律师制度，但这两部法律未及颁行，清王朝就被推翻了。上述法典虽未实施，但仍可以说是中国律师制度的萌芽，为民国时期律师制度的确立创造了条件。

**2. 南京临时政府和北洋政府时期：律师法律制度的初步建立**

辛亥革命后，南京临时政府仿效德日起草了我国第一部有关律师制度的成文法，即《律师法（草案）》。但因袁世凯窃国和临时政府解散，这部《律师法（草案）》也未公布实行。

1912年，北洋政府公布了《律师暂行章程》，这是我国第一部付诸实施的律师方面的成文法，标志着中国律师制度的产生和起步。该章程共8章38条，规定了律师资格、律师证书、律师名额、律师职务、律师义务、律师公会和惩戒等内容。"律师章程"中所确立的律师制度具有中华法系的风格，明确规定了律师的性质是自由职业者，对律师资格做了限制性的规定，根据章程，律师必须是男性，年龄在20岁以上，执业时没有区域限制。该章程还确立了司法监督和行业监督双重管理体制，制定了相关的法律法规，如《律师登录暂行章程》《律师惩戒会暂行规则》《律师甄别章程》等。[①]

1912年，上海首先成立律师公会，这是中国最早的律师组织。

**3. 南京国民政府时期——律师制度修改和基本定型**

1927年，南京国民政府颁布了《律师章程》，对北洋政府的相关律师法律进行了修改和更新，使律师制度进一步规范化。较之《律师暂行章程》，《律师章程》比较重要的变化是：允许女子担任律师，增加律师公会就法律修改向司法部长提出建议的权利，律师年龄要在21岁以上，增设高等法院接受律师惩戒诉讼和律师政界委员会以及司法部长复审的规定。[②]

1935年，南京国民政府拟定新的《律师法（草案）》，于1940年送交立

---

① 沈伟：《民国律师的养成与律师制度的局限——以1930年代的上海为例》，《北方法学》2017年第4期。

② 梁翠：《论民国时期中国律师制度创建中的重要问题和选择》，《中外企业家》2013年第2期。

法院审议，12月24日审议通过草案，1941年公布实施新的《律师法》。相关的法规还有《律师法（实施细则）》《律师登录规则》《律师惩戒规则》等。这些法律增加了律师消极资格条款，强化了律师的义务，将律师资格登记限于两个地方法院和高等法院，详细规定了律师惩戒事项等。

### （三）新中国的律师制度

#### 1. 革命战争时期——萌芽

新中国的律师制度可以追溯到革命战争时期，萌芽于新民主主义革命时期。1932年6月9日颁布的《中华苏维埃共和国裁判部暂行组织及裁判条例》中，就确立了诉讼中的辩护制度："被告人为本身的利益，经法庭许可，派代表出庭辩护。"

抗日战争时，各根据地政府相继颁布了一些条例，使辩护制度不断完善。1948年2月，东北解放区制定了《法律顾问处组织简则》，其中规定在人民法庭设法律顾问处，为诉讼当事人解答法律及诉讼制度中的疑难问题。

这些制度的实施虽然还谈不上建立了律师制度，但为建立新中国的律师制度积累了一定的经验。

#### 2. 20世纪50年代——创立和初步发展

新中国成立后，国家在废除旧律师制度的同时，即着手建立人民律师制度。1954年7月，中央人民政府司法部（今中华人民共和国司法部，以下简称司法部）发出《关于人民法院组织制度中的几个问题的通知》，指定北京、上海、天津、重庆、武汉、沈阳等大城市率先试办律师顾问处，开展律师业务，逐步建立律师制度。

1954年9月颁布的《中华人民共和国宪法》规定："被告人有权获得辩护。"同年颁布的《中华人民共和国人民法院组织法》规定："被告人除自己行使辩护权外，可以委托律师为其辩护。"这些规定既从法律上保障了公民的辩护权，也为律师制度的建立提供了立法依据。

1956年1月，中华人民共和国国务院（以下简称国务院）正式批准了司法部《关于建立律师工作的请示报告》，对律师的性质、任务、条件和组织机构等问题做了一系列规定。同年7月，司法部颁布了《律师收费暂行办法》。同年9月，董必武同志在党的第八次全国代表大会上的讲话中指出："律师制度是审判工作中保护当事人诉讼权利不可缺少的制度，应当予以加速运行。"这对推动律师工作的迅速发展起到了重要的作用。

从1954年到1957年，全国19个省、自治区、直辖市先后成立了律师协会或筹备机构，法律顾问处发展到800余个，专职律师发展到2500多人。[1]

3. 从1957年到1978年——夭折

正当新建立起来的律师制度蓬勃发展之际，却遭到了20世纪50年代政治运动的冲击。在1957年的反右派斗争中，律师制度被看成"资产阶级的司法制度"，律师辩护被说成"为犯罪分子开脱罪责，替坏人说话"，不少律师被认定为罪犯的同犯，有的被下放劳动，有的甚至被判刑。这使刚刚建立起来的律师制度夭折，继而造成我国历史上长达二十多年没有律师制度的空白时期。

4. 1978年以来——恢复、重建、改革、完善、成熟

我国的律师制度是随着党的十一届三中全会召开以后确定的一系列改革开放、将工作重点转移到社会主义经济建设上来，以及健全人民民主、加强社会主义法制建设等方针、政策逐步恢复起来的。

1979年7月，第五届全国人民代表大会常务委员会第二次会议通过并颁布实施的《中华人民共和国刑法》（以下简称《刑法》）等法律中，系统地规定了被告享有辩护权及律师参加刑事诉讼辩护的基本原则；同年，中共中央发布了《关于坚决保证刑法、刑事诉讼法切实实施的指示》，司法部开始着手重建律师制度。

1980年3月，邓小平同志指出："律师队伍需要扩大，不搞这个法制不行。"在这种背景下，恢复和重建律师制度的工作迅速开展起来。

1980年8月26日，第五届全国人民代表大会常务委员会第十五次会议通

---

[1] 王福强、付子堂：《实践驱动：新中国律师制度研究70年》，《山东大学学报（哲学社会科学版）》2019年第6期。

过并颁布了《中华人民共和国律师暂行条例》（以下简称《律师暂行条例》）。该条例对律师及律师事务所的性质，律师的任务、职责，律师资格的取得，律师的业务范围，律师的权利、义务，司法行政部门对律师工作的管理，中华全国律师协会（以下简称"全国律协"）的性质和地位等内容做了规定。①

这是新中国成立以来第一部有关律师制度的法律，它的颁布实施对我国律师制度的建设和发展具有十分重要的意义。

## 三、律师制度的改革

党的十四大以后，随着我国经济建设的快速发展和民主法制的日益健全，律师行业不断发展，律师制度的改革也逐步深入。为了使律师制度适应我国改革开放、经济发展以及民主与法制建设的需要，司法部在施行《律师暂行条例》的同时，总结我国律师工作的实践经验，借鉴国外律师制度的先进经验，对我国的律师制度进行了大胆的改革，主要包括以下内容：

改革我国律师资格的授予制度，实行律师资格全国统一考试制度；改革律师事务所完全由国家核拨编制、核发经费设立的体制，开始进行合作制、合伙制律师事务所的试点工作；改革律师事务所的经费管理办法，根据律师机构的收支情况，分别采取不同的经费管理办法；改革律师管理体制，建立司法行政机关宏观指导下的律师协会行业管理体制；允许外国律师事务所在华设立办事处；加强律师职业道德、执业纪律教育和评查，建立律师惩戒制度等。

## 四、《律师法》的制定和修改

1996年5月15日，第八届全国人民代表大会常务委员会第十九次会议通

---

① 谭世贵：《律师法学》，法律出版社，2013，第45页。

过了《律师法》，由于其在我国律师制度发展进程中具有重大意义而被称为"我国律师制度发展史上的里程碑"，该法标志着我国律师制度发展到了一个新的阶段。该法在总结《律师暂行条例》和多年来的律师体制改革经验的基础上，借鉴国外律师立法的成功做法，对我国律师制度的一系列重大问题做了新的规定。该法的内容具有以下新的特点：

明确了律师是为社会提供法律服务的执业人员；允许采用国家出资及合作、合伙等多种形式设立律师事务所；加强了对律师执业权利的保障，明确规定了律师的义务和法律责任；确立了司法行政机关行政管理与律师协会行业管理相结合，并逐步向司法行政机关宏观管理下的行业管理过渡的律师管理体制；确立了国家法律援助制度；规定了非律师人员和机构从事律师业务的处罚办法；肯定了境外机构在我国境内设立分支机构的做法；等等。

《律师法》颁布实施后，进行了四次修改：第一次是2001年12月29日；第二次是2007年10月28日；第三次是2012年10月26日；第四次是2017年9月1日。最近一次《律师法》的修改以"推进以审判为中心的诉讼制度改革"为宗旨，把实现控辩平等当作首要任务，通过确立律师—委托人作证特免权，加强辩方的权利保障，深化律师制度改革，从而提高司法公信力。

可以说，《律师法》的每一次修改，都促进了律师制度、律师工作和律师行业的发展。由于我国社会发展速度较快，我国律师在职业定位、职业内容、执业环境、管理需求、权利保障等方面都发生了很大变化，及时对《律师法》进行修改，关系到律师制度改革成果和律师行业的长远发展，是非常有必要的。

截至2019年，全国共有执业律师47.3万多人，全国律师办理各类法律事务1119万多件。其中，办理诉讼案件610.8万多件，办理非诉讼法律事务133.6万多件，为73万多家党政机关、人民团体和企事业单位担任法律顾问。在律师办理的610.8万多件诉讼案件中，刑事诉讼辩护及代理109.4万多件，占诉讼案件的17.91%；民事诉讼代理479.2万多件，占诉讼案件的78.45%；行政诉讼代理18.9万多件，占诉讼案件的3.1%；代理申诉3.3万多件，占诉讼案件的0.54%。截至2019年底，已有来自23个国家和地区的律师事务所在华（内地、大陆）设立 303 家代表机构，其中，外国律师事务所驻华代表机构 225 家，中国香港律师事务所驻内地代表机构 64 家，中国台湾律师事务所驻大陆代表机构 14 家，有 12 家港澳律师事务所与内地律师事务所建立了合伙型联营律师事务所，有 7 家在上海自贸区设立代表处的外国律师事务所与中国律师事务所实行联营。①

## 五、律师制度的价值

### （一）民主价值

律师制度是民主与法制的重要保障。律师制度的存在以民主的发展、法制的完善为基础，同时，律师制度是民主和法制水平的标志，并以其自身的功能促进民主和法制建设。

民主的本质特征应当是法律规定的公民的各项权利得到充分的行使，从而推动社会向进步的方向发展。律师的作用正是通过作为辩护人、代理人、法律顾问等途径，参加诉讼或非诉讼法律事务，向社会提供多方面的法律服务，帮助当事人实现自己的权利，从而使当事人的合法权益得到保护，使违法犯罪行为受到制裁，法制得到维护。②

### （二）效益价值

律师制度是市场经济良性运行的重要保障。市场经济就是法治经济。律师的广泛参与是将市场经济真正纳入法律控制的领域，从而成为法治经济的重要前提。具体来说，在经济交往中：事前，律师参与决策，从法律方面对决策的风险性提出预见性意见，从而有效地防止漏洞出现，防患于未然。事中，当事

---

① 佚名：《司法部最新数据：2019 年，律师人数再增，全国律所共 3.2 万家》，2019，据搜狐新闻：http://www.sohu.com/a/414293980_99897344。

② 徐家力、王文书：《律师实务（第 4 版）》，法律出版社，2010。

人可就有关法律事务向律师进行咨询，以进一步保障经济活动的合法性和安全性；一旦发生纠纷，当事人则可以委托律师通过和解、仲裁或者诉讼等手段及时、有效地解决纠纷。事后，律师可以为当事人提供法律建议，避免当事人再次发生类似纠纷。

### （三）正义价值

律师制度是维护公民、法人和其他社会组织合法权益的重要保障，律师制度的完善有利于提高公民的法律素质和增强权利意识。

中国著名法学家江平曾说："律师兴，则法治兴；法治兴，则国家兴。"律师在依法治国进程中应起到更积极、更主动的作用。只有律师制度充分完善了，律师才能更好地维护当事人的合法权益，才能促进个案的公正审判，才能推动中国的法律制度向更完善、更文明的方向发展。只有中国的法律制度更加完善，中国的社会才会更加公平和正义。[①]

---

[①] 王倢婷：《"律师正义"在中国的生存状态与价值评判》，2011年第3期。

# 第二章 律师的概念、性质和社会责任

## 第一节 律师的概念、性质

### 一、律师的概念

律师是指依法取得律师执业证书,接受委托或者指定,为当事人提供法律服务的执业人员。

### 二、律师性质的立法演变

(一)《律师暂行条例》规定的律师性质

《律师暂行条例》明文规定:"律师是国家的法律工作者。"这表明:(1)律师是法律工作者;(2)律师是国家公职人员;(3)律师是司法机关的在编人员。

这样的规定符合当时的社会情况和社会背景,而且对我国的法制建设起到了应有的作用。但随着我国政治、经济等情况的不断变化,特别是市场经济的建立和迅速发展，律师作为国家法律工作者的性质也越来越受到挑战，①原因如下：

第一，律师实际上是接受委托为社会提供法律服务，而非代表国家执行公务；

第二，律师作为国家法律工作者的身份，不利于律师队伍的快速发展和律师积极性的提高；

第三，律师事务所的组织形式发生变化，即由原本仅有国家出资设立的律师事务所一种组织形式转变为合作制律师事务所、合伙制律师事务所等多种组织形式并存；

第四，律师作为国家法律工作者的身份不符合国际惯例，我国的律师体制需与国际接轨。

围绕上述情况，理论界对律师的性质出现了以下几种新的认识：

第一，律师是社会法律工作者，即律师接受聘请，并服务社会；

第二，律师是自由职业者，即律师接受委托，向委托人提供服务，并以此获得报酬；

第三，律师是国家法律工作者，即当时的律师是公职律师。

### （二）《律师法》规定的律师的性质

随着理论界对律师的性质有了新的认识，1996年5月15日《律师法》出台时，对律师的性质做了明确的规定。当时的《律师法》第二条规定："本法所称的律师，是指依法取得律师执业证书，为社会提供法律服务的执业人员。"根据这一规定，应明确：

第一，律师是为社会提供法律服务的专业人员。

（1）律师从事业务的根据是委托，而非授权，有别于国家公职人员及公职律师；

---

① 蒋超：《我国律师性质的流变与重塑——从"本位主义"到"自由职业"》，《安徽大学学报（哲学社会科学版）》2018年第2期。

（2）律师办理业务的直接目的是依法维护委托人的合法权益。

第二，律师是取得资格并领取执业证书的专业人员。律师有别于非律师的其他法律服务人员，要成为律师，必须取得相应资格并领取执业证书。

第三，我国的律师是社会主义律师，其执业的目的是维护委托人的合法权益，通过维护委托人的合法权益来确保法律的正确实施，不能谋取法外利益。

## （三）2007年修正后的《律师法》进一步明确了律师的性质

2007年修正后的《律师法》第二条规定："本法所称律师，是指依法取得律师执业证书，接受委托或者指定，为当事人提供法律服务的执业人员。"这一规定更加明确了律师职业具有社会性。

律师的社会性是指，律师不属于国家公职人员，也不是国家的法律工作者，而是社会法律工作者。基于律师职业的社会性，律师是以自己的专业知识和执业技能向社会提供法律服务，维护当事人的合法权益，维护社会的公平和正义的人，这就指明了律师对社会生活积极和广泛的参与行为以及律师应履行的社会职责。

我国正处在社会转型和经济高速发展这样一个特殊的时期，在国家全面推进依法治国建设的过程中，由于利益的分化和权力资源的重新配置，大量的社会问题涌现出来，正在或将要成为影响社会发展进程的不确定因素。律师在开展业务的过程中所接触到的大部分案件都是社会性问题，这些问题处理得好坏，直接影响社会的和谐稳定和法治建设的进程。律师作为社会性法律从业人员，并不仅仅是法律规范的实施者，也是一个解决社会冲突、平衡社会利益的群体。律师行业是直接面对社会矛盾和冲突的职业，在协调社会矛盾方面的作用不仅重要，而且是其他法律职业所不可替代的。

## 三、律师的种类

按照工作性质划分,律师可分为专职律师和兼职律师;按照业务范围划分,律师可分为民事律师、刑事律师和行政律师;按照服务对象和工作身份划分,律师可分为社会律师、公司律师、公职律师和军事律师。

社会律师,大家比较熟悉,简而言之,就是在律师事务所执业,依靠为全社会的当事人提供法律服务,并取得法律服务费,依法纳税及缴费后形成个人合法收入,由此维持生计的法律工作者。公职律师是专门为政府提供服务的,相当于准公务员,主要作用是为政府宏观决策提供法律分析和意见,并且承担部分法律援助义务。一般而言,公职律师不得参与社会的有偿服务。公司律师则是为公司提供法律服务的。尽管全国范围内的公司律师数量不多,但目前国有大中型企业都有法律顾问。军队律师既是专职法律工作者,又是军队政治工作者。目前,我国的律师主要为社会律师,约有30万人。[①]

### (一)社会律师

我国的社会律师具有以下基本特征:

第一,必须通过国家司法考试,被授予法律职业资格证书;

第二,必须既有法律职业资格证书,又有执业证书;

第三,服务对象是整个社会,没有特定对象,自然人、法人均可委托律师代办法律事务;

第四,从事律师业务时必须有当事人的委托或人民法院的指定,在授权范围内进行工作,不允许越权或滥用权力;

第五,律师是法律工作者,只能在法律允许的范围内维护当事人的合法权益,其在法律允许范围内的工作受法律保护,不受行政单位、党派、个人的干预。

---

① 张淑芬、童雪梅:《社会律师与公司法务协同防范企业家刑事风险》,《法制博览》2019年第4期。

现行《律师法》第二十八条明确规定了律师为社会提供法律服务的内容和范围：（一）接受自然人、法人或者其他组织的委托，担任法律顾问；（二）接受民事案件、行政案件当事人的委托，担任代理人，参加诉讼；（三）接受刑事案件犯罪嫌疑人、被告人的委托或者依法接受法律援助机构的指派，担任辩护人，接受自诉案件自诉人、公诉案件被害人或者其近亲属的委托，担任代理人，参加诉讼；（四）接受委托，代理各类诉讼案件的申诉；（五）接受委托，参加调解、仲裁活动；（六）接受委托，提供非诉讼法律服务；（七）解答有关法律的询问、代写诉讼文书和有关法律事务的其他文书。

《律师执业管理办法》第二十四条规定：律师执业必须遵守宪法和法律，恪守律师职业道德和执业纪律，做到依法执业、诚信执业、规范执业。律师执业必须以事实为根据，以法律为准绳。律师执业应当接受国家、社会和当事人的监督。

### （二）公职律师

公职律师不仅仅是单纯的国家公务员，而是具有独特地位和作用的法律服务人员。[①] 公职律师可以理解为取得律师职业资格，在政府部门工作的律师。[②] 申请颁发公职律师证书，应当具备法定的条件。[③] 如果有不符合法定公职

---

[①] 蔡洪增：《法治视野下的公职律师制度研究》，《法制与社会》2015 年第 24 期。
[②] 《公职律师管理办法》第二条规定，本办法所称公职律师，是指任职于党政机关或者人民团体，依法取得司法行政机关颁发的公职律师证书，在本单位从事法律事务工作的公职人员。
[③] 《公职律师管理办法》第五条规定，申请颁发公职律师证书，应当具备下列条件：
（一）拥护中华人民共和国宪法；
（二）依法取得法律职业资格或者律师资格；
（三）具有公职人员身份；
（四）从事法律事务工作二年以上，或者曾经担任法官、检察官、律师一年以上；
（五）品行良好；
（六）所在单位同意其担任公职律师。

律师资格的情形，则不予颁发公职律师证书。①公职律师可以受所在单位委托或者指派从事具体的法律事务。②

按照规定，公职律师与普通律师一样，享有会见被告人的权利，享有阅卷、调查取证等权利。当然，公职律师在执业过程中，同样要遵守法律的规定，履行相应的义务。③

公职律师组织机构与日常管理参考《公职律师管理办法》第十八条到第二十三条规定。

---

① 《公职律师管理办法》第六条规定，申请人有下列情形之一的，不予颁发公职律师证书：
（一）无民事行为能力或者限制民事行为能力的；
（二）曾被吊销律师、公证员执业证书的；
（三）涉嫌犯罪、司法程序尚未终结的，或者涉嫌违纪违法、正在接受审查的；
（四）上一年度公务员年度考核结果被确定为不称职的；
（五）正被列为失信联合惩戒对象的。
② 《公职律师管理办法》第十三条规定，公职律师可以受所在单位委托或者指派从事下列法律事务：
（一）为所在单位讨论决定重大事项提供法律意见；
（二）参与法律法规规章草案、党内法规草案和规范性文件送审稿的起草、论证；
（三）参与合作项目洽谈、对外招标、政府采购等事务，起草、修改、审核重要的法律文书或者合同、协议；
（四）参与信访接待、矛盾调处、涉法涉诉案件化解、突发事件处置、政府信息公开、国家赔偿等工作；
（五）参与行政处罚审核、行政裁决、行政复议、行政诉讼等工作；
（六）落实"谁执法谁普法"的普法责任制，开展普法宣传教育；
（七）办理民事案件的诉讼和调解、仲裁等法律事务；
（八）所在单位委托或者指派的其他法律事务。
③ 《公职律师管理办法》第十四条规定，公职律师依法享有会见、阅卷、调查取证和发问、质证、辩论、辩护等权利，有权获得与履行职责相关的信息、文件、资料和其他必须的工作职权、条件。公职律师应当接受所在单位的管理、监督，根据委托或者指派办理法律事务，不得从事有偿法律服务，不得在律师事务所等法律服务机构兼职，不得以律师身份办理所在单位以外的诉讼或者非诉讼法律事务。

### （三）公司律师

我国的公司律师既是改革开放的产物，又对改革开放具有助推的作用。2002 年 10 月，为应对我国加入世界贸易组织后国内企业面临的经济挑战，提高中国律师的国际竞争力，完善我国企业相关法律规范和律师制度，司法部颁布了《关于开展公司律师试点工作的意见》，开始在企业（包括民营企业）进行公司律师试点。自此，肩负"应对挑战、优化竞争、完善制度"使命的中国公司律师登上社会舞台。①

初登社会舞台的公司律师发展较缓，2016 年 12 月，全国律师总人数超过 30 万人，其中公司律师仅 2000 人左右，公司律师占律师总人数的比重约为 0.6%。

公司律师队伍的发展从 2014 年开始有了突破，并在其后明显加速。中国共产党第十八届中央委员会第四次全体会议通过了《中共中央关于全面推进依法治国若干重大问题的决定》，该决定明确提出，构建社会律师、公职律师、公司律师等优势互补、结构合理的律师队伍。2016 年 6 月，中共中央办公厅、国务院办公厅印发《关于推行法律顾问制度和公职律师公司律师制度的意见》，明确要求在 2017 年底前，国有企业深入推进法律顾问、公司律师制度，公司律师步入快速发展阶段。截至 2020 年 11 月底，全国律师总人数 50 万人，其中公司律师 1.5 万人，公司律师占比由过去的 0.6%提升到 3%。

按照《公司律师管理办法》的规定，公司律师是指与国有企业订立劳动合同，依法取得司法行政机关颁发的公司律师证书，在本企业从事法律事务工作的员工。究其实质，公司律师就是专门任职于公司（目前仅限于国有企业）的律师。公司律师试点工作着眼于促进企业内部管理的科学化、规范化和法治化进程，对企业生产经营活动具有保障作用，与社会律师、公职律师形成优势互

---

① 高位：《国有企业法律顾问、公司律师的工作原则及职能作用》，《人民法治》2017 年第 10 期。

补，对我国构建结构合理的律师队伍意义重大。①

公司律师最大的优势在于其双重属性。首先，公司律师是公司的职员，服从公司的规定，熟悉公司的制度；其次，公司律师是律师，拥有律师执业资格证书，依照《律师法》的规定，可以参与多项法律事务。这就使公司律师在任职期间可以为公司提供更专业、更切合实际且更经济高效的法律服务。相较于社会律师，公司律师更了解公司的运行，也更容易从公司发展的角度提供法律服务；与公司的法律顾问相比，公司律师具有律师职业资格，可以从事更加专业的诉讼工作。

要成为公司律师，需要具备特殊的条件。②如果具有法定的情形，则不予

---

① 崔梦雪、熊樟林：《论公司律师的概念构成》，《东南法学》2021年第1期。
② 《公司律师管理办法》第五条规定，申请颁发公司律师证书，应当具备下列条件：
（一）拥护中华人民共和国宪法；
（二）依法取得法律职业资格或者律师资格；
（三）与国有企业依法订立劳动合同；
（四）从事法律事务工作二年以上，或者曾经担任法官、检察官、律师一年以上；
（五）品行良好；
（六）所在单位同意其担任公司律师。
《公司律师管理办法》第十二条规定，国家统一法律职业资格制度实施前已担任法律顾问但未依法取得法律职业资格或者律师资格的人员，同时具备下列条件的，经司法部考核合格，可以向其颁发公司律师证书：
（一）在国有企业担任法律顾问满十五年；
（二）具有高等学校法学类本科学历并获得学士及以上学位，或者高等学校非法学类本科及以上学历并获得法律硕士、法学硕士及以上学位或者获得其他相应学位；
（三）具有高级职称或者同等专业水平。

颁发公司律师证书。① 同时，成为公司律师，也要经过特殊的程序。②

2018 年司法部出台的《公司律师管理办法》，确定了公司律师的 6 项职责，包括参与决策论证、处理法律事务、化解矛盾纠纷、开展普法宣传等内容。③

与社会律师一样，公司律师也享有阅卷、调查取证等权利。但是公司律师必须履行与其职责相当的特殊义务。④

---

① 《公司律师管理办法》第六条规定，申请人有下列情形之一的，不予颁发公司律师证书：

（一）无民事行为能力或者限制民事行为能力的；

（二）受过刑事处罚的，但过失犯罪的除外；

（三）曾被开除公职或者吊销律师、公证员执业证书的；

（四）涉嫌犯罪、司法程序尚未终结的，或者涉嫌违纪违法、正在接受审查的；

（五）正被列为失信联合惩戒对象的。

② 《公司律师管理办法》第七条、第八条、第九条规定，申请成为公司律师的程序为：

（一）申请人本人填写、经所在单位同意并签章的公司律师申请表；

（二）由所在单位审核同意后向司法行政机关提出申请；

（三）经审查，申请人符合公司律师任职条件、申请材料齐全的，司法行政机关应当向申请人颁发公司律师证书。

③ 《公司律师管理办法》第十三条规定，公司律师可以受所在单位委托或者指派从事下列法律事务：

（一）为企业改制重组、并购上市、产权转让、破产重整等重大经营决策提供法律意见；

（二）参与企业章程、董事会运行规则等企业重要规章制度的制定、修改；

（三）参与企业对外谈判、磋商，起草、审核企业对外签署的合同、协议、法律文书；

（四）组织开展合规管理、风险管理、知识产权管理、法治宣传教育培训、法律咨询等工作；

（五）办理各类诉讼和调解、仲裁等法律事务；

（六）所在单位委托或者指派的其他法律事务。

④ 《公司律师管理办法》第十四条规定，公司律师依法享有会见、阅卷、调查取证和发问、质证、辩论、辩护等权利，有权获得与履行职责相关的信息、文件、资料和其他必须的工作职权、条件。公司律师应当接受所在单位的管理、监督，根据委托或者指派办理法律事务，不得从事有偿法律服务，不得在律师事务所等法律服务机构兼职，不得以律师身份办理所在单位以外的诉讼或者非诉讼法律事务。

### （四）军队律师

《律师法》规定，为军队提供法律服务的军队律师，其律师资格的取得和权利义务及行为准则，适用本法的规定；军队律师的具体管理办法，由国务院、中国共产党中央军事委员会另行规定。①

军队律师人数是律师整体人数中占比最少的，全国约有 1500 人左右，占全国律师总人数的 0.5%。②但是，军队律师肩负的责任很重。军队律师要为党委领导决策当好法律参谋，要做好执行多样化军事任务中的法律服务保障，要帮助部队和官兵解决涉法问题，要参与法律教育和政策、法规制度建设，要组织开展基层法律服务。

新时代，军队律师要承担新的责任。中国共产党第十八次全国代表大会报告中明确指出，要"全面从严治军""提高国防和军队建设法治化水平"，因此，需要有一批专军事、精法律的军队律师全方位参与。同时，报告提出要"形成军民融合深度发展格局"，因此，更需要军队律师立足专业，发挥所长，为军队、为一线部队官兵送上形式多样的法律服务，为维护军人、军属的合法权益贡献力量。

目前，我国的军队律师人数较少，并不能满足军队的日常法律服务需求，因此，一方面，军队应加强和社会律师的合作，借助社会律师的力量解决法律纠纷；另一方面，应尽力扩大军队律师的数量，努力培养军队法律方面的人才。

---

① 根据国家司法部和总政治部联合发布的《军队法律服务工作暂行规定》，只有从事法律服务工作的现役军官、文职干部等军内人员才可担任军队律师。作为军人，要遵守军事法规，承担军人应负的职责；作为律师，又要依据《律师法》取得律师资格，并依据国家和军队的有关规定领取军队律师执业证书。除须遵守律师职业道德和执业纪律外，军队律师还要遵守军队的条令条例及规章制度。

② 杜宜茂：《关于加强军队律师工作的思考》，《基层政治工作研究》2021 年第 9 期。

## 第二节 律师的社会责任

### 一、律师社会责任的内涵

要做好律师工作,要求很多,如广博的知识积累、敏锐的判断力、深厚的法律素养、高超的庭辩技巧与应变能力、严谨的思维习惯、精湛的书面表达能力、干练的仪表、敢于担当的魄力、锲而不舍的精神、忠于法律的品质、推动法治进步的理想信念等。在这些要求中,努力承担社会责任是律师首先应具备的条件。

那么律师的社会责任到底是什么呢?在对律师的社会责任的看法上,绝大多数律师认为:律师应该有正义感,维护社会的公平正义;参与社会事务是每个律师应尽的义务,是律师的使命之一,每个律师都应当力所能及地承担一些社会责任,这是社会法治进程的重要组成部分,也是一种高尚品德的表现。作为一名执业律师,在为当事人提供法律服务的同时,应切实承担起作为社会主义法治队伍中的一员的社会责任,尽可能帮助经济困难群众和特殊群体。在践行社会责任的方法上,有的律师认为,作为法律的宣传者,律师要通过各种途径向公众传播法律知识,帮助公众树立法治理念,使公众相信法律,使法律至上的观念深入人心;要积极参加法律援助活动和社会公益事业,通过向缺乏法律知识、经济困难的特殊群体提供法律帮助,使他们能平等地站在法律面前,享受平等的法律保护;要参与高校的人才培养工作,培养公益新人。也有律师认为,认真做好本职工作,运用自身的法律知识为当事人提供优质的法律服务就是在履行社会责任。在社会责任的作用上,有的律师表示,律师承担社会责任,既有利于体现自身价值,也有助于提升律师的声誉,改善律师的职业形象,从而赢得社会尊重。

这些不同的观点从不同的角度揭示了律师社会责任的内涵。总的来说，律师要做经济社会发展的"服务器"、社情民意的"显示器"、社会问题的"矫正器"、依法行政的"助推器"、司法公正的"平衡器"。

## 二、律师社会责任的主要体现

律师承担社会责任主要体现在以下几个方面：

### （一）要具备责任心

作为一名律师，要有一颗负责任的心，即要做一个负责任的人。律师首先要对自己负责，要有责任感、正义感，要有良知、有担当，还要有社会责任和法律责任；其次，要对他人负责，对家人负责，对客户负责，对律师事务所负责，对合伙人负责，对法律负责，对国家负责，最重要的是要对正义负责，对真理负责。

责任心对律师来说是最重要的，不是每一个学法律的学生最终都能成为律师，也不是每一个进入律师事务所的学法律的人最终都能成为律师，更不是每一个通过考试获得了律师资格的人最终都能成为律师，只有那些对律师这个职业充满敬畏和责任心的人才能够成为真正的律师。因为不负责任的人是没有责任感和正义感的人，这种人没有追求真理的勇气，所以最终是不能成为律师的。律师这个职业不同于其他职业，这个职业是崇高的，对律师的责任的要求也是非常高的。

一个好的律师，不但要有丰富的法律知识，还要有良好的综合知识和素养，有胸怀和眼界，有胆识和担当，有为正义和真理献身的精神。所以，律师的责任是一份不轻的责任。做一个尽职尽责的律师，实际上是一个完善自己的过程，也是一个学习和成长的过程。律师要不断地审视自己，要用高于任何职业的责任要求来严格要求自己，只有这样，才能成为一个名副其实的有责任心的律师。

## （二）努力在个案中实现公平正义

每个律师都有自己的抱负和梦想，要想成为一名资深律师，就必须从办好每一件小案、解答好每一次普通咨询这样的点滴小事做起。律师和人民群众或者律师和当事人的关系，实际上就是鱼和水的关系，没有了"水"，自然不会有"鱼"。律师要为当事人或者人民群众服务，要做到让广大人民群众满意，而不是为了满足个别当事人的非法请求而让其一个人满意。对于当事人不合理的诉讼请求，律师要说服和引导其合理、合法地主张权利，而不是在接受委托后，帮助其做出侵害他人合法权益和公众利益的事。换句话说，律师必须依照法定程序去维护当事人的合法权益，不能无原则、无法律依据、无事实根据地为了赚取律师费而见利忘义，做出有损党和国家，特别是广大人民群众合法利益的事情。

努力在个案中实现公平正义，尽力维护当事人的合法权益，既是律师敬业的表现，也是律师承担社会责任的主要表现之一，如果每一个律师代理的每一个案件都能保持公平正义，那么社会的法治程度也会得到极大的提高。

## （三）努力参与社会事务

律师参与社会事务，是律师承担社会责任的又一具体体现。律师参与社会事务，主要体现在以下几个方面：

首先，律师应当积极办理法律援助案件。律师办理法律援助案件，是法律规定的律师的义务，也是律师承担社会责任的主要途径之一。为经济困难和其他特殊群体提供法律援助服务，是保障国家法律正确实施的条件之一，也是维护基本人权、保障社会公平正义的需要，更是律师服务区别于商业经营行为的标志之一。

其次，律师应当积极参与公益活动。作为律师，不仅要为当事人提供咨询、代理服务，为刑事被告人提供辩护，维护其诉讼权利和合法权益，而且在引导群众远离不良思想侵蚀方面，更肩负着不可替代的社会责任。律师要通过代理辩护等途径，引导群众坚持正听、正信，打击歪理邪说，增强法治意识，抵制不良思想的侵蚀；要通过以案说法、法律解析等多种群众喜闻乐见的形式，深入开展"反暴力、讲法治、讲秩序"的宣传活动，帮助群众进一步明确依法严厉打击暴力恐怖活动、维护法律尊严是维护社会稳定和长治久安的必要途径。

再次，律师应当为全面依法治国做出自己的贡献。律师在个案中尽到自己的职责，本身就是促进法治进步的表现。律师中的人大代表、政协委员，可以向有关部门提出完善法律的建议，也可以通过总结自己的办案经验，提出自己的观点和建议，从而推动法治进步。律师还可以通过担任各级政府的法律顾问，推动政府依法执政、依法决策、依法办事。

最后，律师应积极参与涉外案件，为我国"一带一路"建设做出自己的贡献。

总之，律师作为一名社会主义法律工作者，要坚守理想信念，坚持承担社会责任，将律师工作作为一项事业，不但要在个案中追求公平正义，维护国家法律的正确实施，维护当事人的合法权益，而且要通过参与各类社会事务，推进全面依法治国，维护社会的和谐稳定。

# 第三章 律师执业许可

## 第一节 律师资格与律师执业

### 一、律师资格

律师资格,指从事律师业务者必须具备的形式条件,即持有律师资格证书(2002年前)或法律职业资格证书(2002年后)。取得任一证书视为获得了律师资格或律师职业资格、律师从业资格。

律师资格的历史变迁如下:[①]

1. 1986年以前主要实行"律师资格考核制度";

2. 1986年,我国开始实行"全国律师资格统一考试制度";

3. 截至2001年,我国存在的法律职业考试有全国统一的"律师资格""法官资格""检察官资格"和"公证员资格"考试制度;

4. 直到2002年,我国首次实行"统一的司法考试制度",而取消了上述分立的法律职业资格考试;

5. 到2018年,法律职业资格考试代替了司法考试制度。

---

① 石艳芳:《我国律师执业条件制度的完善》,《内蒙古农业大学学报(社会科学版)》2012年第1期。

值得注意的是，1988 年以前，我国实行"律师资格与律师执业相统一"的制度；1988 年以后，我国实行"律师资格与律师执业相分离"的制度。

（一）考试

法律职业资格考试是司法部依据《中华人民共和国法官法》《中华人民共和国检察官法》《中华人民共和国律师法》《中华人民共和国公证法》（以下简称《公证法》）《中华人民共和国仲裁法》（以下简称《仲裁法》）《中华人民共和国行政处罚法》《中华人民共和国行政复议法》（以下简称《行政复议法》）及《国家统一法律职业资格考试实施办法》的有关规定设立的职业证书考试。担任法官、检察官、律师、公证员、法律顾问、仲裁员（法律类）及政府部门中从事行政处罚决定审核、行政复议、行政裁决的人员应当通过法律职业资格考试。

考试的主要内容包括：理论法学、应用法学、现行法律规定、法律实务和法律职业道德。法律职业资格考试实行全国统一命题和评卷，成绩由司法部公布。通过考试的人员，由司法部统一颁发相关证书，并可以从事执业律师、法官、检察官和公证员等岗位的工作。

试卷的具体科目分为客观题和主观题。客观题为卷一、卷二，每张 150 分；主观题为 180 分：

试卷一：习近平法治思想、法理学、宪法、中国法律史、国际法、司法制度和法律职业道德、刑法、刑事诉讼法、行政法与行政诉讼法。

试卷二：民法、知识产权法、商法、经济法、环境资源法、劳动与社会保障法、国际私法、国际经济法、民事诉讼法（含仲裁制度）。

试卷三：实例（案例）分析、司法文书、论述。包括试卷一、二所列科目。

前述试卷一、试卷二为机读式选择题；试卷三为笔答式实例（案例）分析题（含法律文书写作）。

根据《国家统一法律职业资格考试实施办法》（以下简称《办法》）第九条和第二十二条的相关规定，符合以下条件的人员可以报名参加法律职业资格考试：

1. 具有中华人民共和国国籍；
2. 拥护中华人民共和国宪法，享有选举权和被选举权；
3. 具有良好的政治、业务素质和道德品行；
4. 具有完全民事行为能力；
5. 具备全日制普通高等学校法学类本科学历并获得学士及以上学位；全日制普通高等学校非法学类本科及以上学历，并获得法律硕士、法学硕士及以上学位；全日制普通高等学校非法学类本科及以上学历并获得相应学位且从事法律工作满三年。

本办法实施前已取得学籍（考籍）或者已取得相应学历的高等学校法学类专业本科及以上学历毕业生，或者高等学校非法学类专业本科及以上学历毕业生并具有法律专业知识的，可以报名参加国家统一法律职业资格考试。

根据往年的《司法考试报名通告》以及《办法》的规定，《办法》实施前已入学的普通高等学校第二年度的应届本科毕业生可以报名参加考试，即大三在校生可以参加考试。

## （二）考核

律师资格也可以经考核取得，具体来说是经国务院司法行政部门考核合格。经考核取得律师资格的人员应具备 5 个条件。

1. 学历条件：高等院校本科以上学历；
2. 从业条件：在法律服务人员紧缺领域从事专业工作满十五年；
3. 职称条件：具有高级职称或者同等专业水平；
4. 专业条件：具有相应的专业法律知识；
5. 执业限制条件：申请专职律师执业。

《律师资格考核授予办法》第四条规定：拥护中华人民共和国宪法，品行良好，身体健康，年龄在六十五岁以下，具有高等院校法学本科以上学历，被授予律师资格后能够专职从事律师工作的中华人民共和国公民，符合下列条件之一的，可以申请考核授予律师资格：

1. 在高等法律院校（系）或法学研究机构从事法学教育或研究工作，已取得高级职称的；

2. 具有法学专业硕士以上学位，有三年以上法律工作经历或者在律师事务所工作一年以上的；

3. 其他具有高级职称或者同等专业水平，可以考核授予律师资格的。

## 二、律师资格与律师执业的关系

律师执业，指依法以律师名义从事法律服务，并受国家法律及律师行业规范约束和保护的职务活动。

律师资格与律师执业的关系如下：律师资格证书是申请律师执业，从事律师职业的资格凭证，通过国家统一的考试或经考核获得。2002年后，该证书被法律职业资格证代替。律师执业证书是律师从事执业活动的有效证件，是核定律师身份的有效依据。未持有律师执业证书的人员，不得以律师名义从事活动。

律师资格证书与律师执业证书不同。律师资格证书是取得律师执业证书的一个必要前提，但如果仅有律师资格证书却无律师执业证书，是不得从事律师执业活动的。

律师执业证书由省级司法行政机关经法定程序对申请人资质等要件审查合格后方予以颁发。因此，律师执业证书的取得，要求申请人不但要具有取得律师资格所应有的知识水平，而且应具备实际从事律师业务的能力。律师取得律师执业证，应具备特定的条件。①

此外，对于申请兼职律师执业的，应当满足《律师执业管理办法》的相关规定。②对于具有法定情形，或者不具有完全民事行为能力的人，不予颁发律师执业证书。③

如果律师满足了执业条件，取得了律师执业证书，即可以开始执业活动。但是律师执业也不是没有限制，需要注意的是律师执业要满足下列限制性规定：

1. 律师只能在一个律师事务所执业；

2. 律师执业不受地域限制；

3. 公务员不得兼任执业律师；

4. 律师担任各级人民代表大会常务委员会组成人员的，任职期间不得从事诉讼代理或者辩护业务；

5. 没有取得律师执业证书的人员，不得以律师名义从事法律服务业务；除法律另有规定外，不得从事诉讼代理或者辩护业务。

---

① 《律师法》第五条规定，申请律师执业，应当具备下列条件：
（一）拥护中华人民共和国宪法；
（二）通过国家统一法律职业资格考试取得法律职业资格；
（三）在律师事务所实习满一年；
（四）品行良好。
实行国家统一法律职业资格考试前取得的国家统一司法考试合格证书、律师资格凭证，与国家统一法律职业资格证书具有同等效力。

② 《律师执业管理办法》第七条规定，申请兼职律师执业，除符合本办法第六条规定的条件外，还应当具备下列条件：
（一）在高等院校、科研机构中从事法学教育、研究工作；
（二）经所在单位同意。
《律师执业管理办法》第八条规定，申请特许律师执业，应当符合《律师法》和国务院有关条例规定的条件。

③ 《律师执业管理办法》第九条规定，有下列情形之一的人员，不予颁发律师执业证书：
（一）无民事行为能力或者限制民事行为能力的；
（二）受过刑事处罚的，但过失犯罪的除外；
（三）被开除公职或者被吊销律师执业证书的。

律师取得律师执业证书，除了要满足相应的条件，还需要遵循特定的程序，如需要提交必要的材料，需要报司法行政机关审核等。①

申请兼职律师执业，除了要按照申请普通律师执业的相关规定提交材料外，还需要提交其他证明材料以及单位同意其申请执业的证明。②

设区的市级或者直辖市的区（县）司法行政机关，应按照规定对申请人提出的律师执业申请进行处理，如作出受理、告知补正、不予受理的决定，并在

---

① 《律师执业管理办法》第十条规定，律师执业许可，由设区的市级或者直辖市的区（县）司法行政机关受理执业申请并进行初审，报省、自治区、直辖市司法行政机关审核，作出是否准予执业的决定。

《律师执业管理办法》第十一条规定，申请律师执业，应当向设区的市级或者直辖市的区（县）司法行政机关提交下列材料：

（一）执业申请书；
（二）法律职业资格证书或者律师资格证书；
（三）律师协会出具的申请人实习考核合格的材料；
（四）申请人的身份证明；
（五）律师事务所出具的同意接收申请人的证明。

申请执业许可时，申请人应当如实填报《律师执业申请登记表》。

② 《律师执业管理办法》第十条规定，律师执业许可，由设区的市级或者直辖市的区（县）司法行政机关受理执业申请并进行初审，报省、自治区、直辖市司法行政机关审核，作出是否准予执业的决定。

《律师执业管理办法》第十一条规定，申请律师执业，应当向设区的市级或者直辖市的区（县）司法行政机关提交下列材料：

（一）执业申请书；
（二）法律职业资格证书或者律师资格证书；
（三）律师协会出具的申请人实习考核合格的材料；
（四）申请人的身份证明；
（五）律师事务所出具的同意接收申请人的证明。

申请执业许可时，申请人应当如实填报《律师执业申请登记表》。

合理时间内对律师提交的材料进行审核。①

## 第二节　兼职律师制度与律师宣誓制度

### 一、兼职律师制度

中国的兼职律师制度发端于 20 世纪 80 年代,其在法律上的产生依据是《律师暂行条例》。当时的条例规定:"取得律师资格的人员不能脱离本职的,可以担任兼职律师。兼职律师所在单位应当给予支持。人民法院、人民检察院、

---

① 《律师执业管理办法》第十三条规定,设区的市级或者直辖市的区(县)司法行政机关对申请人提出的律师执业申请,应当根据下列情况分别作出处理:

(一)申请材料齐全、符合法定形式的,应当受理;

(二)申请材料不齐全或者不符合法定形式的,应当当场或者自收到申请材料之日起五日内一次告知申请人需要补正的全部内容。申请人按要求补正的,予以受理;逾期不告知的,自收到申请材料之日起即为受理;

(三)申请事项明显不符合法定条件或者申请人拒绝补正、无法补正有关材料的,不予受理,并向申请人书面说明理由。

《律师执业管理办法》第十四条规定,受理申请的司法行政机关应当自决定受理之日起二十日内完成对申请材料的审查。在审查过程中,可以征求申请执业地的县级司法行政机关的意见;对于需要调查核实有关情况的,可以要求申请人提供有关的证明材料,也可以委托县级司法行政机关进行核实。

经审查,应当对申请人是否符合法定条件、提交的材料是否真实齐全出具审查意见,并将审查意见和全部申请材料报送省、自治区、直辖市司法行政机关。

《律师执业管理办法》第十五条规定,省、自治区、直辖市司法行政机关应当自收到受理申请机关报送的审查意见和全部申请材料之日起十日内予以审核,作出是否准予执业的决定。

人民公安机关的现职人员不得兼做律师工作。"由此创立了兼职律师制度,作为专职律师队伍的重要补充。

与此同时,司法部还创立了特邀律师制度,把从公、检、法机关离退休的、符合一定条件的有关人员也吸收到律师队伍中。1984年和1986年司法部先后发布了《兼职律师和特邀律师管理办法》和《兼职律师和特邀律师管理办法的补充规定》,依据这些规定,法律院系、研究机构的专业人员,大批政府机关、社会团体、企事业单位的现职工作人员及一些离退休人员加入了兼职、特邀律师队伍。[①]

1996年5月,我国第一部《律师法》出台,保留了兼职律师制度,但同时指出"国家机关的现职工作人员不得兼任执业律师"。同年11月,司法部发布了《兼职从事律师职业人员管理办法》,并且列明1984年的《兼职律师和特邀律师管理办法》和1986年的《兼职律师和特邀律师管理办法的补充规定》同时废止。这一新规定对兼职律师资格进行了重要调整,将可以任兼职律师的人员范围限定为符合相关条件的"法学院校(系)、法学研究单位从事教学、研究工作的人员"。2007年修订的《律师法》第十二条规定,高等院校、科研机构中从事法学教育、研究工作的人员,符合本法第五条规定条件的,经所在单位同意,依照本法第六条规定的程序,可以申请兼职律师执业。[②]

2016年修订的《律师执业管理办法》第十二条也规定,申请兼职律师执业,除按照本办法第十一条的规定提交有关材料外,还应当提交下列材料:(一)在高等院校、科研机构从事法学教育、研究工作的经历及证明材料;(二)所在单位同意申请人兼职律师执业的证明。

兼职律师制度的产生有其特殊的历史背景和社会环境。在我国的律师队伍建立之初,国家急需法律专业人才,而合格的律师数量又偏少,为了缓解这种

---

[①] 王鹏程、余锡文:《高校兼职律师:在承担社会责任过程中传承法治精神》,《中国律师》2015年第5期。

[②] 吴丹红:《兼职律师制度研究:主要以〈律师法〉第12条为对象》,《司法改革论评》2011年第1期。

供需矛盾，国家将限制条件放得很宽，授予了一大批人律师资格，但实际上，很多人并不具备做律师的条件和素质，有些人甚至都没学过法律，学历也不高。兼职律师制度的实施有其特定的环境和背景，而现在，律师的执业门槛则越来越高，目前，国家已经推行未受过法学教育的人不能参加司法考试的政策，未来，兼职律师的准入条件会越来越严格，兼职律师制度的实施也会越来越规范。

我国《律师法》规定，法学教授在满足法律规定条件的情况下，经所在单位同意，可以申请兼职律师执业。但有一种观点却认为，法学教授不应兼任律师。这种观点近些年得到相当一部分人的认可。①尤其是在2017年《律师法》修改的过程中，有许多人认为应该废除兼职律师制度，主要理由一方面是担心兼职律师基于与法官的师生关系，影响司法公正；另一方面是担心兼职律师无法兼顾法学教育科研和司法实践工作，兼职律师从事律师行业的话可能会影响法学教育的质量。但是，更多人认为兼职律师制度有其存在的必要价值。一方面，兼职律师由高校、科研机构的法学教师担任，这些学者具有丰富的法学教学科研经验，可以指导司法实践，有助于实现司法公正；另一方面，我国的专职律师人数仍不能满足当前我国律师的总需求量，因此，以兼职律师作为专职律师的补充，可以在一定程度上缓解我国律师人数短缺的现状。因此，我国在2017年修改《律师法》时，仍然保留了兼职律师制度。但是司法部明确了兼职律师的申请范围，即只允许法学专业的教师申请成为兼职律师，政治学、社会学等学科的科研人员或教师不能申请成为兼职律师。

## 二、律师宣誓制度

律师宣誓制度设立于2000年6月17日。这一制度是为了规范律师宣誓活动，引导律师牢固树立做中国特色社会主义法治工作者的信念，增强律师的职

---

① 万江：《法学教师兼职律师的角色冲突及其治理研究》，《法学教育研究》2019年第3期。

业使命感、荣誉感和社会责任感，培育中国特色社会主义律师执业精神，是依据《律师法》和《中华全国律师协会章程》（以下简称《律师协会章程》）而设立的。

2000年6月17日，全国律师协会印发《关于实行律师执业宣誓制度的决定》，但是由于内容过于笼统，在实践中没有得到有效执行。

2010年9月，中共中央办公厅、国务院办公厅转发《司法部关于进一步加强和改进律师工作的意见》（中办发〔2010〕30号），其中明确提出，要实行律师从业人员诚信宣誓制度。

2011年12月1日，司法部第25次部长办公会议通过《关于建立律师宣誓制度的决定》，要求为了引导广大律师牢固树立做中国特色社会主义法律工作者的信念，自觉践行"忠诚、为民、公正、廉洁"的核心价值观，切实提高律师队伍思想政治素质、职业道德素质和业务素质，不断增强律师的职业使命感、荣誉感和社会责任感，培育中国特色社会主义律师执业精神，根据《律师法》，决定在全国建立律师宣誓制度。该决定规定，经司法行政机关许可，首次取得或者重新申请取得律师执业证书的人员，应当在律师获得执业许可之日起三个月内，采取分批集中的方式进行宣誓，仪式应由省级或者设区的市级、直辖市的区（县）司法行政机关会同律师协会组织进行。①

2012年2月3日，司法部印发《关于建立律师宣誓制度的决定》，各地律师协会根据该决定制定了相应的律师宣誓规则，并组织开展律师宣誓活动。进入新时代，党和国家对律师事业发展提出了新的要求，根据中共中央办公厅、国务院办公厅《关于深化律师制度改革的意见》，以及《律师法》和司法部部颁规定，全国律师协会决定对原有的《关于实行律师执业宣誓制度的决定》进行重大修改。

2018年，根据全国律师协会年度工作任务分工，全国律师协会行业规则委员会主要依据司法部《关于建立律师宣誓制度的决定》，参照《全国人民代表

---

① 吴晨：《再论律师宣誓 重建职业尊荣》，《中国律师》2018年第11期。

大会常务委员会关于实行宪法宣誓制度的决定》《最高人民法院关于宪法宣誓的组织办法》，借鉴了广东省律师协会、襄阳市律师协会等地的律师宣誓规范，起草了《律师宣誓规则》（以下简称《规则》）。规则委员会对宣誓规则草案进行了广泛讨论，经反复修改，形成了《规则》（讨论稿）。5月13日，全国律师协会会长办公会对《规则》（讨论稿）进行讨论并提出修改意见。5月25日，《规则》（讨论稿）上报司法部律师公证工作指导司征求意见。规则委员会根据司法部律师公证工作指导司、法制司、全国律师协会常务理事会和9月1日全国律师协会会长办公会第十三次会议提出的修改意见，对《规则》（讨论稿）进行了完善，形成了《规则》（送审稿）。10月26日《规则》（送审稿）经第九届全国律师协会第十五次常务理事会审议通过。

### （一）参加律师宣誓的人员

首次取得或者重新申请取得律师执业证书的执业律师应当进行律师宣誓。

### （二）律师宣誓誓词的内容

我宣誓：我是中华人民共和国律师，忠于宪法，忠于祖国，忠于人民，维护当事人合法权益，维护法律正确实施，维护社会公平正义，恪尽职责，勤勉敬业，为建设社会主义法治国家努力奋斗！

### （三）宣誓程序

1. 领誓人、宣誓人面向国旗列队站立，宣誓人在领誓人身后整齐站立，监誓人在宣誓人侧前方面向宣誓人站立；
2. 主持人宣布宣誓仪式开始；
3. 奏唱国歌；
4. 宣诵誓词；
5. 监誓人确认宣誓效力；

6. 宣誓人在誓词上签署姓名、宣誓日期。

### （四）仪式要求

1. 宣誓场所应当庄重、严肃，悬挂中华人民共和国国旗；
2. 宣誓仪式由律师协会负责人或受邀的司法行政机关负责人主持，领誓人由律师协会会长或者副会长担任；
3. 宣誓仪式设监誓人，由司法行政机关和律师协会各派一名相关负责人担任；
4. 宣誓人宣誓时，应呈立正姿势，面向国旗。

### （五）宣誓方式

1. 单独宣誓。单独宣誓可不设领誓人，宣誓人应当左手抚按《中华人民共和国宪法》，右手举拳，拳心朝前，置于耳旁，诵读誓词。
2. 集体宣誓。领誓人左手抚按《中华人民共和国宪法》，右手举拳，拳心朝前，置于耳旁，逐句领诵誓词；其他宣誓人整齐排列，左手自然下垂，右手举拳，拳心朝前，置于耳旁，逐句跟诵誓词。领誓人领诵完誓词、诵毕"宣誓人"后，宣誓人依次自报姓名。

由于肢体残疾或者患病等原因，不能按照规定的立正姿势宣誓的，可以其他适当、庄重的姿势进行宣誓。

### （六）宣誓的意义

2018年12月2日上午，中国首个"宪法宣传周"开启之际，全国各地400多个城市联动，组织开展律师集体宣誓活动，近10万名律师参加集体宣誓，司法行政机关用10万名律师的铮铮誓言为共和国首个宪法宣传周"剪彩"。

#### 1. 加入法律职业共同体

律师是法律职业共同体的一员，通过宣誓，律师表明自己的共同体成员身份。不仅是律师，法官和检察官也需要进行宣誓。这种司法职业共同体的宣誓制度意味着在未来的执业活动中，律师应当以文明、不失尊严的方式对待其他共同体成员。所以《规则》要求，律师要在协会会长、副会长的带领下宣誓。

2. 取得职业信任，表明恪尽职守

律师是法治队伍的成员，其执业权利来源于司法的授权和人民的授权。宣誓是律师取得执业信任的方式。律师作为一个司法职业，需要取得司法机关的信任和授权，因此，《规则》要求，律师在司法机关的监督下宣誓，代表司法机关对律师信任的起点。同时，律师以社会化方式为公众提供法律服务，需要取得社会公众的信任和授权，因此，《规则》要求律师以公开宣誓的方式，宣读格式化的誓词，表明接受公众监督、践行誓词精神的态度。

3. 彰显律师职业的公共属性

清末修律大臣沈家本曾说："律师以收善良结果为贵，不徒以谋当事人之利益为能。"律师职业不仅是为个人谋利，更需要为建设公正公平的法治社会做出贡献。这是律师职业的公共属性。通过宣誓，能彰显律师职业的公共属性，强化律师对宪法和法律的敬畏之心和责任感，并将他们置于宪法和法律的规制之下。因此，《规则》要求律师要面对国旗，手抚宪法进行宣誓。

总之，执业宣誓不仅是一种仪式，更是一名律师的庄严承诺。执业宣誓对于引导广大律师牢固树立做中国特色社会主义法律工作者的信念，自觉践行"忠诚、为民、公正、廉洁"的核心价值观，切实提高律师队伍的思想政治素质、职业道德素质和业务素质，不断增强律师的职业使命感、荣誉感和社会责任感，培育中国特色社会主义律师执业精神都具有深远的意义。

# 第四章　律师执业机构和律师管理体制

## 第一节　律师执业机构

### 一、律师事务所的变迁

律师事务所是依法设立的由律师组成的律师从事业务活动的执业机构,是律师组织形式之一。[①]

这一规定包含以下含义:一是,我国的律师执业机构只有律师事务所,不存在其他律师执业机构;二是,律师必须在律师事务所内执业,律师是律师事务所的成员,不能脱离律师事务所开展业务。

律师制度刚刚重建时,律师事务所的组织形式只有法律顾问处,也就是国家出资设立的律师事务所这一种形式。随着社会的发展,律师事务所的类型也发生了变化。

1983年,深圳蛇口成立了全国第一家律师事务所。到1985年,全国所有政府的法律顾问处都开始改名叫律师事务所。

1986年,司法部开始在一些地方试点合作制律师事务所,有的实行一所两制,有点类似于集体所有制。1988年,合作制成为律师事务所的主要组织形式。

---

[①] 《律师法》第十四条规定,律师事务所是律师的执业机构。

1993年前后，一些律师开始为外资企业服务。律师作为国家法律工作者的身份受到严峻挑战。合作制这种僵化的集体所有制的律师事务所形式的弊端开始暴露出来。因此，相关政府部门将合作制律师事务所改为合伙制律师事务所，实现合伙人的无限责任制成为必然。1996年制定的《律师法》增加了合伙制律师事务所。2000年以后，司法部又在全国个别地区实行个人律师事务所试点，以个人名字命名的个人色彩比较浓厚的律师事务所相继出现，合作制律师事务所开始减少并逐渐消失。

2007年《律师法》修改后，确立了当前律师事务所的类型。

## 二、律师事务所的种类

1996年的《律师法》规定的三种律师事务所类型包括：国家出资设立的律师事务所（国资所）、合作制律师事务所（合作所）和合伙制律师事务所（合伙所）。2007年修改的《律师法》对律师事务所的组织形式进行了调整和充实：

其一，删除了原《律师法》中关于合作制律师事务所的规定；

其二，保留了原《律师法》中关于国家出资设立的律师事务所的规定；

其三，对合伙制律师事务所的组织形式予以细化，规定合伙制律师事务所可以采用普通合伙或者特殊的普通合伙两种形式设立；

其四，新增个人律师事务所。

这些调整和充实满足了当时经济和社会发展的需要，对律师行业的发展起到了推动作用。以下是各类律师事务所的介绍：

（一）国资律师事务所

国资律师事务所，是指国家出资设立的律师事务所，是国家的司法行政机关依其职权，由国家下达编制、拨给经费而设立或批准的，以其全部资产对其债务承担责任的律师执业机构。其性质是国家事业单位，依靠国家的财政拨款。

国资律师事务所的地位经历了从唯一的组织形式到补充形式的历史变迁，即国资律师事务所在我国原本是唯一的律师事务所组织形式，但是目前处于对主流律师事务所组织形式的补充地位。截至 2018 年，我国共有国资律师事务所 1100 多家，占全国律师事务所数量的 3.85%。[①]我国目前仍旧保留国资律师事务所的原因如下：

第一，国家出资设立的律师事务所在经济欠发达地区仍然是当地律师事务所的一种重要的组织形式；

第二，经济欠发达地区的国家出资设立的律师事务所改制为合伙制律师事务所或者个人律师事务所存在现实的困难；

第三，经济不发达地区也需要律师，离不开法律服务；

第四，保留国家出资设立的律师事务所符合有关政策。

国家出资设立的律师事务所应具备特殊的条件，同时需要当地司法行政机关提供保障。[②]

### （二）合伙制律师事务所

合伙制律师事务所，是指由合伙人自愿出资、自愿组合、自愿签订合作协议而成立的律师事务所。律师事务所的收入、资产归全体合伙人所有，所有合伙人共同承担律师事务所的义务、债务及其他全部法律责任。合伙制律师事务所可以采用普通合伙或者特殊的普通合伙两种形式设立。

普通合伙，是指由两个以上的合伙人根据协议，互约出资，经营共同事业，并对合伙债务承担无限连带责任的社会组织。普通合伙律师事务所，是指依法

---

① 佚名：《2018 年中国律师事务所竞争格局：国资所、合作所和个人所三种形式并存，中小律所是中国律师界的主流》，据产业信息网：https://www.chyxx.com/industry/201908/767953.html。

② 《律师事务所管理办法》第十二条规定，国家出资设立的律师事务所，除符合《律师法》规定的一般条件外，应当至少有两名符合《律师法》规定并能够专职执业的律师。

需要国家出资设立律师事务所的，由当地县级司法行政机关筹建，申请设立许可前须经所在地县级人民政府有关部门核拨编制、提供经费保障。

设立的由合伙人依照合伙协议约定，共同出资、共同管理、共享收益、共担风险的律师执业机构。特殊的普通合伙律师事务所是指采用特殊的普通合伙的形式设立的律师事务所。

特殊的普通合伙与普通合伙最大的差别在于承担责任的方式不同：在普通合伙中，全体合伙人对合伙组织的债务承担无限连带责任；在特殊的普通合伙中，一个合伙人或者数个合伙人在执业活动中因故意或者重大过失造成的债务，应当承担无限连带责任，其他合伙人以其在合伙组织中的财产份额为限承担责任，合伙人在执业活动中非因故意或者重大过失造成的债务，由全体合伙人承担无限连带责任。

设立普通合伙律师事务所需要具备基本的条件，如有自己的名称、有经营的场所等，同时也要具备特殊的条件。①

设立特殊的普通合伙律师事务所除了要具备设立普通合伙律师事务所应具备的条件外，还需要具备其他特殊的条件。②目前，合伙制律师事务所已成

---

① 《律师事务所管理办法》第八条规定，设立律师事务所应当具备下列基本条件：

（一）有自己的名称、住所和章程；

（二）有符合《律师法》和本办法规定的律师；

（三）设立人应当是具有一定的执业经历并能够专职执业的律师，且在申请设立前三年内未受过停止执业处罚；

（四）有符合本办法规定数额的资产。

《律师事务所管理办法》第九条规定，设立普通合伙律师事务所，除应当符合本办法第八条规定的条件外，还应当具备下列条件：

（一）有书面合伙协议；

（二）有三名以上合伙人作为设立人；

（三）设立人应当是具有三年以上执业经历并能够专职执业的律师；

（四）有人民币三十万元以上的资产。

② 《律师事务所管理办法》第十条规定，设立特殊的普通合伙律师事务所，除应当符合本办法第八条规定的条件外，还应当具备下列条件：

（一）有书面合伙协议；

（二）有二十名以上合伙人作为设立人；

（三）设立人应当是具有三年以上执业经历并能够专职执业的律师；

（四）有人民币一千万元以上的资产。

为主流的律师事务所组织形式,截至 2019 年,我国合伙制律师事务所的数量已达 2 万以上,占全部律师事务所数量的 59.55%。

### (三)个人律师事务所

个人律师事务所,是指律师个人出资设立且以个人全部资产对律师事务所的债务承担无限连带责任的律师执业机构。个人律师事务所具有以下特点:更加专业化;责任明确,运作效率高;运行成本低,收费低。个人律师事务所的设立有利于鼓励律师深入社区、走入乡镇,解决群众打官司难的问题。

设立个人律师事务所,与设立普通合伙律师事务所不同,通常设立个人律师事务所的门槛较高,需要具备特殊的条件。①

## 三、律师事务所的任务

律师事务所有以下任务:

第一,组织律师进行政治学习,保证律师工作的正确方向;

第二,组织律师学习业务知识,开展业务活动,交流工作经验,提高业务水平;

第三,统一接受委托,指派律师承办委托事项;

第四,向委托人收取费用,管理本所财务;

第五,聘任和辞退律师事务所的工作人员;

第六,为律师执业创造良好的条件,维护律师的合法权益;

第七,向有关部门反映律师的意见和建议。

---

① 《律师事务所管理办法》第十一条规定,设立个人律师事务所,除应当符合本办法第八条规定的条件外,还应当具备下列条件:

(一)设立人应当是具有五年以上执业经历并能够专职执业的律师;

(二)有人民币十万元以上的资产。

## 四、律师事务所的设立、变更和终止

### （一）律师事务所的设立

申请设立律师事务所应提交以下材料：设立申请书；律师事务所的名称、章程；设立人的名单、简历、身份证明、律师执业证书，律师事务所负责人人选；住所证明；资产证明。除此以外，设立合伙制律师事务所还应当提交合伙协议。

国家出资设立的律师事务所，应当提交所在地县级人民政府有关部门出具的核拨编制、提供经费保障的批件。具体的设立过程如下：

设立申请人提出申请—所在地司法局审查—上报省司法厅—核准。

设立普通律师事务所，向设区的市级或者直辖市的区人民政府司法行政部门提出申请，具体程序如下：

受理申请的部门应当自受理之日起二十日内予以审查，并将审查意见和全部申请材料报送省、自治区、直辖市人民政府司法行政部门；省、自治区、直辖市人民政府司法行政部门应当自收到报送材料之日起十日内予以审核，作出是否准予设立的决定。准予设立的，应当自决定之日起十日内向申请人颁发律师事务所执业许可证；不准予设立的，向申请人书面说明理由。

### （二）律师事务所的变更

律师事务所变更名称、负责人、章程、合伙协议的，应当经所在地设区的市级或者直辖市的区（县）司法行政机关审查后报原审核机关批准。具体办法按律师事务所设立许可程序办理。

律师事务所变更住所、合伙人的，应当自变更之日起十五日内经所在地设区的市级或者直辖市的区（县）司法行政机关报原审核机关备案。

### (三)律师事务所的终止

律师事务所在设立之后,如果具备特定的法定情形,应当终止。①

## 第二节 律师管理体制

### 一、律师管理体制概述

律师管理体制是指一个国家在宏观层面上对律师行业进行组织管理的制度架构。律师管理体制反映了律师行业与管理机关之间的关系。

我国现行的律师管理体制是司法行政机关的行政管理与律师协会的行业自治相结合的管理体制。②

---

① 《律师事务所管理办法》第三十一条规定,律师事务所有下列情形之一的,应当终止:
(一)不能保持法定设立条件,经限期整改仍不符合条件的;
(二)执业许可证被依法吊销的;
(三)自行决定解散的;
(四)法律、行政法规规定应当终止的其他情形。
律师事务所在取得设立许可后,六个月内未开业或者无正当理由停止业务活动满一年的,视为自行停办,应当终止。
律师事务所在受到停业整顿处罚期限未满前,不得自行决定解散。
② 陈宜:《律师执业组织形式和律师管理体制研究》,中国政法大学出版社,2014。

## 二、我国律师管理体制的现状

我国律师管理体制由司法行政机关主导,司法行政机关对律师的管理职责包括以下几方面:

### (一)县级司法行政机关的职责

县级司法行政机关负责对本辖区的律师进行日常监管,对于违规办案的律师,需要按照规定予以处罚。①

### (二)设区的市级司法行政机关的职责

设区的市级司法行政机关履行特定的监督管理职责,如指导、监督下一级

---

① 《律师执业管理办法》第四十三条规定,县级司法行政机关对其执业机构在本行政区域的律师的执业活动进行日常监督管理,履行下列职责:
(一)检查、监督律师在执业活动中遵守法律、法规、规章和职业道德、执业纪律的情况;
(二)受理对律师的举报和投诉;
(三)监督律师履行行政处罚和实行整改的情况;
(四)掌握律师事务所对律师执业年度考核的情况;
(五)司法部和省、自治区、直辖市司法行政机关规定的其他职责。
县级司法行政机关在开展日常监督管理过程中,发现、查实律师在执业活动中存在问题的,应当对其进行警示谈话,责令其改正,并对其整改情况进行监督;对律师的违法行为认为依法应当给予行政处罚的,应当向上一级司法行政机关提出处罚建议;认为需要给予行业惩戒的,移送律师协会处理。

行政机关,指导本行政区域律师队伍的发展等。①

### (三)省、自治区、直辖市司法行政机关的职责

省、自治区、直辖市司法行政机关需要掌握、评估本行政区域律师队伍的建设情况和总体执业水平,监督、指导下级司法行政机关对律师执业的监督管理工作等。②

---

① 《律师执业管理办法》第四十四条规定,设区的市级司法行政机关履行下列监督管理职责:
(一)掌握本行政区域律师队伍建设和发展情况,制定加强律师队伍建设的措施和办法;
(二)指导、监督下一级司法行政机关对律师执业的日常监督管理工作,组织开展对律师执业的专项检查或者专项考核工作,指导对律师重大投诉案件的查处工作;
(三)对律师进行表彰;
(四)依法定职权对律师的违法行为实施行政处罚;对依法应当给予吊销律师执业证书处罚的,向上一级司法行政机关提出处罚建议;
(五)对律师事务所的律师执业年度考核结果实行备案监督;
(六)受理、审查律师执业、变更执业机构、执业证书注销申请事项;
(七)建立律师执业档案,负责有关律师执业许可、变更、注销等信息的公开工作;
(八)法律、法规、规章规定的其他职责。
直辖市的区(县)司法行政机关负有前款规定的有关职责。
② 《律师执业管理办法》第四十五条规定,省、自治区、直辖市司法行政机关履行下列监督管理职责:
(一)掌握、评估本行政区域律师队伍建设情况和总体执业水平,制定律师队伍的发展规划和有关政策,制定加强律师执业管理的规范性文件;
(二)监督、指导下级司法行政机关对律师执业的监督管理工作,组织、指导对律师执业的专项检查或者专项考核工作;
(三)组织对律师的表彰活动;
(四)依法对律师的严重违法行为实施吊销律师执业证书的处罚,监督、指导下一级司法行政机关的行政处罚工作,办理有关行政复议和申诉案件;
(五)办理律师执业核准、变更执业机构核准和执业证书注销事项;
(六)负责有关本行政区域律师队伍、执业情况、管理事务等重大信息的公开工作;
(七)法律、法规、规章规定的其他职责。

## 三、律师协会的辅助性管理地位

律师协会是社会团体法人，是律师的自律性组织。律师协会分为全国律协和地方律师协会，律师或律师事务所必须以个人或团体名义加入律师协会，成为其会员。

全国律协的宗旨是：团结和教育会员维护宪法和法律的尊严，忠实于律师事业，恪守律师职业道德和执业纪律；维护会员的合法权益；提高会员的执业素质；加强行业自律，促进律师事业的健康发展，为依法治国、建设社会主义法治国家、促进社会的文明和进步而奋斗。

律师协会的首要责任是保障律师依法执业，维护律师的合法权益，此外还需要对律师的执业进行监督和管理，受理当事人或者其他人对律师的投诉，帮助调解律师执业活动中产生的纠纷等。①

## 四、律师协会与律师、律师事务所的关系

律师协会与律师、律师事务所的关系是：律师和律师事务所必须加入所在地的地方律师协会，律师和律师事务所是全国律协的当然会员。

---

① 《律师法》第四十六条规定，律师协会应当履行下列职责：
（一）保障律师依法执业，维护律师的合法权益；
（二）总结、交流律师工作经验；
（三）制定行业规范和惩戒规则；
（四）组织律师业务培训和职业道德、执业纪律教育，对律师的执业活动进行考核；
（五）组织管理申请律师执业人员的实习活动，对实习人员进行考核；
（六）对律师、律师事务所实施奖励和惩戒；
（七）受理对律师的投诉或者举报，调解律师执业活动中发生的纠纷，受理律师的申诉；
（八）法律、行政法规、规章以及律师协会章程规定的其他职责。
律师协会制定的行业规范和惩戒规则，不得与有关法律、行政法规、规章相抵触。

律师作为律师协会的个人会员,享有表决权、选举权和被选举权,同时享有依法执业保障权等合法权益。[①]律师事务所作为团体会员,享有参加律师协会举办的会议和其他活动,以及对律师协会提出建议等权利。[②]

## 五、律师协会的设置和组织机构

(一)律师协会的设置

律师协会分为全国律协和地方律师协会。地方律师协会一般在省、自治区和直辖市设立,设区的市根据需要可以设立地方律师协会。

(二)律师协会的组织机构

1. 全国代表大会

全国律协的最高权力机构为全国律师代表大会。全国律师代表大会按照律师协会章程的规定,每四年召开一次。全国律师代表大会按照律师协会章程的

---

[①] 《律师协会章程》第九条规定了个人会员的权利:
(一)享有表决权、选举权和被选举权;
(二)享有依法执业保障权;
(三)参加本会组织的学习和培训;
(四)参加本会组织的专业研究和经验交流活动;
(五)享受本会举办的福利;
(六)使用律师协会的图书、资料、网络和信息资源;
(七)提出立法、司法和行政执法的意见和建议;
(八)对本会的工作进行监督,提出批评和建议;
(九)通过本会向有关部门反映意见。
[②] 《律师协会章程》第十条规定了团体会员的权利:
(一)参加本会举办的会议和其他活动;
(二)使用本会的信息资源;
(三)对本会工作进行民主监督,提出意见和建议。

规定，选举产生理事会和监事会。①

## 2. 理事会、常务理事会和会长办公会制度

理事会是全国律师代表大会的常设机构，对全国律师代表大会负责。全国律协每四年举行一次全国律师代表大会，选举产生理事会，理事会选举产生会长、副会长和常务理事。在全国律师代表大会闭会期间，常务理事会行使理事会的职权，执行全国律师代表大会的决议。②

## 3. 秘书处与专门委员会、专业委员会

全国律协设秘书处，负责实施全国律师代表大会、理事会、常务理事会的各项决议、决定，承担协会日常工作。秘书处由秘书长领导，下设办公室、会员部、业务部、培训部、国际部（中国国际律师交流中心）、调研部、联络部和宣传部。③

全国律协专业委员会（工作委员会）是协会履行职责的专门工作机构。④专业委员会根据专业委员会工作规则和律师业务发展需要，组织开展理论研究

---

① 《律师协会章程》第十四条规定，全国律师代表大会是本会的最高权力机构。代表由个人会员组成。

全国律师代表大会每届四年。因特殊情况需提前或延期换届的，须由常务理事会表决通过。全国律师代表大会必须有三分之二以上的代表出席方能召开，其决议须经到会代表半数以上表决通过方能生效。

② 《律师协会章程》第十七条规定，本会理事会由全国律师代表大会选举产生。理事会是全国律师代表大会的常设机构，对全国律师代表大会负责。理事会任期四年。

本理事会成员应从具有良好的职业道德和较高的业务水平，执业三年以上，具有奉献精神，热心支持律师行业公益活动的执业律师代表中选举产生。

理事会应当履行诚信和勤勉义务，维护本会利益，接受代表对其履行职责的监督和合理建议。

③ 《律师协会章程》第三十条规定，本会设秘书处，负责实施全国律师代表大会、理事会、常务理事会的各项决议、决定，承担本会日常工作。

④ 《律师协会章程》第三十二条规定，专门委员会是本会履行职责的专门工作机构。本会设立维护律师执业合法权益委员会、律师纪律委员会、规章制度委员会、财务委员会等。经常务理事会决定，可以设立其他专门委员会。

和业务交流活动，起草律师行业有关业务指引、规范等。[①] 律师协会的专业委员会包括民事专业委员会、婚姻家庭法专业委员会、知识产权专业委员会、公司法专业委员会、法律顾问专业委员会、金融专业委员会、涉外法律服务专业委员会等。

律师协会维护律师权利的相关案例：

【案例1】2017年6月21日，北京某律师事务所律师刘某某在江苏扬州某区法院办理一起行政诉讼案件时被人打伤。

据介绍，该律师在扬州某区代理的是一起撤销婚姻登记的行政诉讼案，在法院门口殴打他的，是一群来历不明的人。

事发后，江苏省律师协会维权中心立即启动快速处置机制，北京、江苏两地司法行政机关和律师协会共同沟通协商、加强联动。最终，在当地公安机关的支持下，成功维护了刘某某的合法权益。刘某某伤情稳定已出院，两名主要参与殴打律师的人员已被公安机关抓获。

【案例2】2017年3月31日，上海某律师事务所律师在北京某法庭庭审结束后，在庭外被对方当事人殴打，并被抢走手机、案卷材料等。法警见此情况，及时制止，并把该律师与当事人隔离。该律师随后报警。

据介绍，北京朝阳金盏派出所出警并把该律师带离现场。上海律师协会维权中心接到该律师的紧急维权申请后，立即与全国律协和北京律师协会联系，请求协助。在全国律协维权中心的统筹下，北京律师协会制定紧急维权方案，启动市区两级律师协会维权协作机制。朝阳区律师协会权益保障委员会组织三名律师赶赴现场，协助处理相关事宜，通过与当地法院、公安机关沟通，迅速找到对方当事人核实情况，并将所抢物品交还被打律师。警方已对犯罪嫌疑人以涉嫌抢劫罪进行立案调查。

---

① 《律师协会章程》第三十三条规定，本会设立若干专业委员会。各委员会设主任一名，副主任若干名和委员若干名。专业委员会的设置、调整和主任、副主任人选由常务理事会决定。

专业委员会按照专业委员会工作规则，组织开展理论研究和业务交流活动，起草律师有关业务规范。常务理事会可以聘请专家、学者和有关领导担任专业委员会的顾问。

# 第五章 律师的权利和义务

## 第一节 律师的权利

律师的执业权利,是指律师在执行职务过程中依法实施一定行为的可能性,它还包括律师依法可以请求他人为一定行为或不为一定行为的范围,以及律师权益受到侵犯时请求有关机关保护的可能性。

### 一、律师的人身权利

律师的人身权利不受侵犯,这是律师最基本的权利。如果律师在执业过程中人身权利无法得到保障,那么律师就无法正常开展执业活动,律师业也无法健康发展。所以律师的人身权利不受侵犯是律师权利保障的基础。[1]

---

[1] 《律师法》第三十七条规定,律师在执业活动中的人身权利不受侵犯。

律师在法庭上发表的代理、辩护意见不受法律追究。但是,发表危害国家安全、恶意诽谤他人、严重扰乱法庭秩序的言论除外。

律师在参与诉讼活动中涉嫌犯罪的,侦查机关应当及时通知其所在的律师事务所或者所属的律师协会;被依法拘留、逮捕的,侦查机关应当依照刑事诉讼法的规定通知该律师的家属。

## 二、律师的工作权利

### (一) 调查取证权

律师参加诉讼活动,依照诉讼法的规定,可以收集与本案有关的材料。调查取证权,是律师开展业务活动的基本前提。《律师法》和《中华人民共和国刑事诉讼法》(以下简称《刑事诉讼法》)都对律师的调查取证权做了规定。[①]

《律师法》和《刑事诉讼法》虽都规定了律师的调查取证权,但二者的规定有冲突:《刑事诉讼法》规定,律师调查取证需要以取得相关人员的同意为前提,故该条对律师直接实施调查取证权设置了障碍;《律师法》则规定,律师持执业证和律师事务所证明即可直接行使调查取证权。

法律赋予律师自行调查取证和申请调查取证的权利。虽然在刑事诉讼中,辩护人不需要承担举证责任,收集证据是侦查机关的义务,律师只需对已经收集的证据提出意见即可。但实践中,侦查机关收集证据有选择性,可能故意遗漏对当事人有利的证据或弄虚作假,甚至违法取证。所以,律师调查取证对案件的影响有时是颠覆性的,其重要性不言而喻。

司法实践中,为了保证调查取证的合法性和所获得证据的可靠性,调查时应有两名以上律师共同进行;调查时须制作书面询问笔录,当事人签字盖章;提取物证或书证的,可以在律师开列清单上签名盖章。

---

[①]《律师法》第三十五条规定,受委托的律师根据案情的需要,可以申请人民检察院、人民法院收集、调取证据或者申请人民法院通知证人出庭作证。

律师自行调查取证的,凭律师执业证书和律师事务所证明,可以向有关单位或者个人调查与承办法律事务有关的情况。

《刑事诉讼法》第四十三条规定,辩护律师经证人或者其他有关单位和个人同意,可以向他们收集与本案有关的材料,也可以申请人民检察院、人民法院收集、调取证据,或者申请人民法院通知证人出庭作证。

辩护律师经人民检察院或者人民法院许可,并且经被害人或者其近亲属、被害人提供的证人同意,可以向他们收集与本案有关的材料。

## （二）阅卷权

阅卷权，是指律师查阅、摘抄和复制案卷的权利。[①]

尽管律师可以向当事人和司法机关了解案情，但是从当事人和司法机关处了解的案情并不全面，也不准确，不可能为辩护提供全面完整的事实根据，而侦查机关提供的案卷包括案件证据和手续，是定案的根据，因此，阅卷权同样是很重要的权利。律师享有阅卷权，是顺利开展刑事辩护、代理和民事、行政诉讼代理活动的必要条件，律师通过查阅案卷，可以达到掌握事实和证据、熟悉和了解案情的目的。

查阅案卷时，律师应认真阅读案卷中的各种材料，包括犯罪嫌疑人、被告人的供述和辩解，证人证言，当事人陈述，物证，书证，鉴定结论，勘验检查笔录，视听资料等各种证据，应注意研究各种证据之间有无矛盾、所控事实是否存在、案件性质和危害结果是否严重。

律师在查阅案卷时，一般首先查阅对方当事人提供的材料和证据；在刑事辩护中，犯罪嫌疑人、被告人的辩护律师首先要查阅起诉书，了解起诉书的内容；民事原告的代理律师则可以通过查阅案卷了解被告答辩状的要点及主要依据。对于发现的疑点、矛盾和重点问题，律师可以摘录，摘录的材料应存入律师事务所的档案。摘要笔录要注意客观、全面，对被告人或当事人有利和不利的两方面情况都应进行摘录，防止主观、片面；要注意摘录原话，防止断章取义；摘录要注明出处、页码、时间等。

## （三）刑事辩护中的会见和通信权

会见和通信权，是指律师与犯罪嫌疑人或被告人见面和通信的权利。会见

---

[①] 《律师法》第三十四条规定，律师担任辩护人的，自人民检察院对案件审查起诉之日起，有权查阅、摘抄、复制本案的案卷材料。

《刑事诉讼法》第四十条规定，辩护律师自人民检察院对案件审查起诉之日起，可以查阅、摘抄、复制本案的案卷材料。其他辩护人经人民法院、人民检察院许可，也可以查阅、摘抄、复制上述材料。

和通信看起来似乎是两项权利,但二者都是与当事人沟通的重要方式,可以视为同一项权利。① 2012年,我国《律师法》和《刑事诉讼法》从实体和程序两个方面对律师的会见权做出规定,并实现两大突破:一是会见无需经过司法机关批准,只需持有三证,没有会见次数的限制;二是会见不被监听。

律师会见犯罪嫌疑人、被告人以及与其通信,是为犯罪嫌疑人、被告人提供法律帮助,是做好辩护工作的重要环节。律师通过会见犯罪嫌疑人、被告人以及与其通信,可以维护犯罪嫌疑人、被告人的合法权益,发现有利于犯罪嫌疑人、被告人的线索和证据,做好刑事辩护工作。

律师会见在押犯罪嫌疑人、被告人时,应遵守看守所的有关规定,严防犯罪嫌疑人、被告人逃跑、行凶、自杀等事件的发生。会见时,律师不能向犯罪嫌疑人、被告人做任何违反法律和政策的约定或承诺,不能对犯罪嫌疑人、被告人指供或诱供。会见时若犯罪嫌疑人、被告人揭发他人犯罪或提供重大案件的侦破线索,或者犯罪嫌疑人、被告人表现出极为反常的情绪,应及时告知有关司法机关;会见时,涉及国家机密和个人隐私的内容,应当保守秘密。会见结束后,要按看守所规定的手续,将犯罪嫌疑人、被告人交看管人员收监。

---

① 《律师法》第三十三条规定,律师担任辩护人的,有权持律师执业证书、律师事务所证明和委托书或者法律援助公函,依照刑事诉讼法的规定会见在押或者被监视居住的犯罪嫌疑人、被告人。辩护律师会见犯罪嫌疑人、被告人时不被监听。

《刑事诉讼法》第三十九条规定,辩护律师可以同在押的犯罪嫌疑人、被告人会见和通信。其他辩护人经人民法院、人民检察院许可,也可以同在押的犯罪嫌疑人、被告人会见和通信。

辩护律师持律师执业证书、律师事务所证明和委托书或者法律援助公函要求会见在押的犯罪嫌疑人、被告人的,看守所应当及时安排会见,至迟不得超过四十八小时。

危害国家安全犯罪、恐怖活动犯罪案件,在侦查期间辩护律师会见在押的犯罪嫌疑人,应当经侦查机关许可。上述案件,侦查机关应当事先通知看守所。

辩护律师会见在押的犯罪嫌疑人、被告人,可以了解案件有关情况,提供法律咨询等;自案件移送审查起诉之日起,可以向犯罪嫌疑人、被告人核实有关证据。辩护律师会见犯罪嫌疑人、被告人时不被监听。

辩护律师同被监视居住的犯罪嫌疑人、被告人会见、通信,适用第一款、第三款、第四款的规定。

需要注意的是，虽然律师会见在押犯罪嫌疑人、被告人时，涉及国家机密和个人隐私的内容应当保守秘密，但是这一保密义务存在例外情况。①

### （四）出席法庭和参与诉讼的权利

律师出庭参加诉讼，应有较充裕的时间做好出庭前的准备工作，否则在未认真了解案情并研究法律适用问题的情况下仓促出庭，必然导致在庭上的活动流于形式，从而难以保证办案质量，无法有效地维护当事人的合法权益。为此，我国最高人民法院、最高人民检察院、公安部、司法部于 1981 年 4 月 27 日发布的《关于律师参加刑事诉讼的几项具体规定的联合通知》规定，人民法院确定开庭日期，应当留给律师准备出庭所需的时间；律师如因案情复杂、开庭日期过急，有权申请法院延期审理，法院应在不影响法定结案的时间内予以考虑；人民法院应用通知书通知律师到庭履行职务，不得使用传票传唤律师；法院的开庭通知书至迟应在开庭 3 日前送达辩护律师；案件开庭审理后，如果改期继续审理，在再次开庭前，法院也应适时通知承办律师。

### （五）享有诉讼法规定的其他权利

#### 1. 在法庭审理阶段的权利

《律师法》第三十六条规定："律师担任诉讼代理人或者辩护人的，其辩论或者辩护的权利依法受到保障。"根据我国《刑事诉讼法》《民事诉讼法》和《中华人民共和国行政诉讼法》（以下简称《行政诉讼法》）以及其他规定，在法庭审理中，律师为了履行职务，享有广泛的权利。概括起来，主要有以下几种：

（1）对法庭的不当询问的拒绝回答权。人民法院审理案件，对于代理律师

---

① 《刑事诉讼法》第四十八条规定，辩护律师对在执业活动中知悉的委托人的有关情况和信息，有权予以保密。但是，辩护律师在执业活动中知悉委托人或者其他人，准备或者正在实施危害国家安全、公共安全以及严重危害他人人身安全的犯罪的，应当及时告知司法机关。

或辩护律师，均不得询问其姓名、年龄、籍贯、住址和职业等。否则，律师有权拒绝回答。

（2）发问权。在法庭审理过程中，律师可以申请审判长对证人、鉴定人、勘验人和被告人发问，也可以经审判长许可直接向以上人员发问；只要发问的内容正当、必要，法庭就应当准许，不应予以限制或制止；律师发问的内容须与案件有关，否则将被法庭制止或由被问人拒绝回答；对于律师依法提出的询问，被问人有义务据实回答，法庭对于律师的发问情况和被问人回答的内容，应记录在卷。

（3）申请权。申请权，就是律师有请求司法机关为或者不为的权利。主要包括申请会见、申请回避、申请复议、申请变更强制措施、申请重新鉴定、申请通知证人出庭作证、申请羁押必要性审查等。

（4）提出新证据的权利。在法庭上，律师有权提出新的证据，有权申请通知新的证人到庭，调取新的物证，申请重新鉴定或勘验，是否准许申请由人民法院决定。

（5）质证权。在法庭调查阶段，律师对法庭或对方当事人出示的物证和宣读的未到庭证人的笔录、鉴定人的鉴定结论、勘验笔录和其他作为证据的文书，有权提出自己的意见；对于到庭的证人，有权进行质证。

（6）参加法庭辩论的权利。在法庭辩论中，控、辩双方处于同等的法律地位，辩论机会均等，律师有权发表辩护词或代理词，阐述自己对案件的看法，并与对方当事人及其代理人或辩护人展开辩论。审判人员应当尊重和保障律师依法进行辩论的权利，不得随意责令律师退庭。

2. 代行上诉的权利

《刑事诉讼法》第二百二十七条规定，被告人的辩护人"经被告人同意，可以提出上诉"。

《民事诉讼法》第六十二条规定，诉讼代理人提起上诉，"必须有委托人的特别授权"。

因此，律师参加诉讼活动，在认为地方各级人民法院的一审判决、裁定有错误时，经当事人同意或授权，可以代其向上一级人民法院提起上诉，要求对案件重新进行审理。

在刑事诉讼中，凡有律师参加辩护的案件，人民法院应当在该案的判决书或裁定书中列上律师姓名和单位。律师认为有必要时，可以直接到看守所会见被告人，征询被告人对判决、裁定的意见。在判决、裁定发生法律效力之前，律师征得被告人同意后，可以直接提起上诉。

上诉权是当事人的权利，律师不应越俎代庖，必须经过当事人的同意或授权才能行使。司法实践中，有些当事人明知裁判有误也不上诉，或担心上诉加刑而不敢上诉，在这种情况下，律师应当向当事人讲明道理，提出建议，如果当事人仍坚持不上诉的，律师应尊重当事人的意愿，不能强迫当事人上诉。

### 3. 代理申诉或控告的权利

《律师法》第二十八条第四款规定，律师可以"接受委托，代理各类诉讼案件的申诉"，同时，《刑事诉讼法》第三十八条和《律师法》第二十八条第三款规定，律师有权接受刑事案件犯罪嫌疑人的聘请，代理申诉、控告。

### 4. 依法执行职务受法律保障的权利

《律师法》第三条规定，律师依法执业受法律保护，任何组织和个人不得侵害律师的合法权益。《律师法》第三十七条规定，律师在执业活动中的人身权利不受侵犯。因此，律师依法执行职务受法律保障，这既是律师的一项权利，也是律师行使其他权利的保障性规定。司法实践中，律师执业缺乏切实必要的法律保障的问题确实存在，侵犯律师人身权利，干扰、刁难律师工作，不尊重律师，侮辱、报复、陷害律师，甚至公开将律师驱逐出庭、非法拘捕律师的事件还时有发生。因此，强调依法执行职务受法律保障的权利，对于保障律师的依法执业十分重要。

### 5. 获取本案诉讼文书副本的权利

律师承办诉讼案件，有权获得人民法院的判决书、裁定书、调解书的副本和人民检察院的起诉书、抗诉书的副本；律师参加仲裁活动，有权获得仲裁机构的裁决书的副本。

根据最高人民法院、最高人民检察院、公安部、司法部《关于律师参加诉讼的几项具体规定的联合通知》的规定，凡属公诉案件，检察院应当附起诉书副本一份，交由法院转发辩护律师；有律师辩护的第一审案件，检察院如提起抗诉，也应附抗诉书副本交由法院转发辩护律师；凡有律师参加诉讼的刑事、民事案件，无论是一审还是二审，法院所作的判决书、裁定书都应发副本给承办律师。

此外，凡有律师参加的仲裁案件，仲裁机构的裁决书副本也应转送承办律师或律师机构。

6. 为犯罪嫌疑人、被告人申请取保候审或解除强制措施的权利

《刑事诉讼法》第九十七条规定，犯罪嫌疑人、被告人及其法定代理人、近亲属或者辩护人有权申请变更强制措施。人民法院、人民检察院和公安机关收到申请后，应当在三日以内作出决定；不同意变更强制措施的，应当告知申请人，并说明不同意的理由。

同时，《刑事诉讼法》第九十九条规定，犯罪嫌疑人、被告人及其法定代理人、近亲属或者辩护人对于人民法院、人民检察院或者公安机关采取强制措施法定期限届满的，有权要求解除强制措施。

司法实践中，由于公安机关、司法机关滥用强制措施或超期羁押，从而侵犯犯罪嫌疑人、被告人人身权利的情况时有发生。律师接受委托参加刑事诉讼，可以在这方面发挥制约作用，维护犯罪嫌疑人、被告人的合法权益。因此，对于符合条件的被羁押的犯罪嫌疑人、被告人，律师有权为其申请取保候审；对公、检、法三个机关采取强制措施法定期限届满的，律师有权向原批准或决定机关提出申请，要求解除强制措施。

7. 其他申诉控告权

申诉控告的权利，是指法律赋予律师在其行使权利受到司法机关及其工作

人员阻碍时,有向检察机关申诉或控告的权利。①

8. 拒绝辩护权

《律师法》第三十二条规定,委托人可以拒绝已委托的律师为其继续辩护或者代理,同时可以另行委托律师担任辩护人或者代理人。律师接受委托后,无正当理由的,不得拒绝辩护或者代理。但是,委托事项违法、委托人利用律师提供的服务从事违法活动或者委托人故意隐瞒与案件有关的重要事实的,律师有权拒绝辩护或者代理。这一条明确了律师有拒绝辩护和代理的权利。

## 第二节 律师的义务

权利和义务是相对应的,没有无权利的义务,也没有无义务的权利。律师在执行职务过程中享有权利的同时,也要承担相应的义务。律师的义务,是指律师依法应为一定行为或不为一定行为的范围和限度。严格确定律师的义务,是律师正确行使权利的必要保障。②

律师的义务与律师职业道德,既有联系,又有区别。律师的义务是律师职业道德的具体要求。律师职业道德是调节律师职业行为的总纲,具有概括性和稳定性的特点。律师的义务,是在律师职业道德下,律师执行职务、履行职责时的操作性规范,比较具体,具有可行性或操作性。律师职业道德不能代替律

---

① 《刑事诉讼法》第四十九条规定,辩护人、诉讼代理人认为公安机关、人民检察院、人民法院及其工作人员阻碍其依法行使诉讼权利的,有权向同级或者上一级人民检察院申诉或者控告。人民检察院对申诉或者控告应当及时进行审查,情况属实的,通知有关机关予以纠正。

② 谭世贵、黄永锋、李建波:《律师权利保障与律师制度改革》,中国人民公安大学出版社,2010。

师的义务,它需要律师全面遵守律师的义务,才能得以体现和贯彻。

根据《律师法》的有关规定,我国律师在执业中应履行下列义务:

1. 应当在一个律师事务所执业,不得同时在两个以上律师事务所执业

律师的职责是为当事人提供法律服务,如果一名律师同时在两个以上律师事务所执业,当各律师事务所同时指派该律师到异地从事业务活动时,则该律师将无法履行职责;同时,当该律师因执业违法或者因过错给当事人造成损失时,当事人无法确定应向哪个律师事务所要求赔偿,因而将损害当事人的合法权益。此外,这种情况也不利于律师事务所对该律师进行教育、培训和管理。因此,我国《律师法》对律师在一个律师事务所执业进行了明确的规定。[①]但由律师职业的委托性和服务性所决定,"律师执业不受地域范围限制",即律师既可以在律师事务所的住所地执业,也可以在律师事务所住所地以外的其他地方执业。

2. 必须依法纳税

我国《宪法》第五十六条规定:"中华人民共和国公民有依照法律纳税的义务。"《律师法》第二十五条规定:"律师事务所和律师应当依法纳税。"根据我国个人所得税法的规定,律师应当就其工资、薪金所得和劳务报酬缴纳个人所得税。

3. 不得以诋毁其他律师或者支付介绍费等不正当手段争揽业务

实践中,有的律师不是靠自己的业务能力和优质服务获取案源,而是靠给委托人或有关人员回扣、劳务费,或靠贬损其他律师的业务能力和执业声誉去获取案源,或靠与案件承办人拉关系甚至行贿等手段去赢得官司等,这既损害了其他律师和律师事务所的利益,违背了律师职业道德,也不利于律师间的平

---

① 《律师法》第十条规定,律师只能在一个律师事务所执业。律师变更执业机构的,应当申请换发律师执业证书。

等竞争，而且对律师业的健康发展有害。①

4. 应当加入所在地的地方律师协会，并履行律师协会章程规定的义务

我国对律师行业实行司法行政管理和律师协会行业管理相结合的体制，并逐步向司法行政机关宏观管理下的律师协会行业管理过渡。为实现律师协会对律师的有效管理，确保律师培训、教育和监督工作的正常开展，我国《律师法》明确规定，律师应当加入所在地的地方律师协会。②

5. 曾担任法官、检察官的律师，从人民法院、人民检察院离任后二年内，不得担任诉讼代理人或者辩护人

曾任法官、检察官的律师，由于以往的工作岗位与原所在法院、检察院有着特定的联系，为了实现司法公正，避免关系案、人情案的发生，也为了维护律师队伍的声誉，《律师法》第四十一条明确规定："曾经担任法官、检察官的律师，从人民法院、人民检察院离任后二年内，不得担任诉讼代理人或者辩护人。"应当指出，根据这一规定，这类律师从司法机关离任后二年内只是不得从事诉讼业务，但可以从事非诉讼法律事务，而且没有时间上的限制。

需要注意的是，对于法院的领导干部和审判、执行岗位的法官，其配偶、

---

① 《律师法》第二十六条规定，律师事务所和律师不得以诋毁其他律师或者支付介绍费等不正当手段争揽业务。

② 《律师法》第四十五条规定，律师、律师事务所应当加入所在地的地方律师协会。加入地方律师协会的律师、律师事务所，同时是全国律师协会的会员。

律师协会会员享有律师协会章程规定的权利，履行律师协会章程规定的义务。

子女在其任职法院辖区内从事律师职业的，我国法律对其也有所限制。①

**6. 必须按照国家规定承担法律援助义务**

国家建立法律援助制度，旨在为经济困难的公民或特殊案件的当事人减免费用，提供法律服务，以保障其合法权益，进而促进社会稳定和经济发展，实现法律对公民的平等保护。按照《律师法》的规定，法律援助义务主要应该由律师承担。②

**7. 应当保守在执业活动中知悉的国家秘密和当事人的商业秘密，不得泄露当事人的隐私**

律师在接受委托，为当事人承办法律事务的过程中，由其身份和工作特点所决定，必然会接触到某些国家秘密，或知悉当事人的一些商业秘密或个人隐私。其中，国家秘密是指关系到国家的安全和利益，依照法定程序确定，在一定时间内只限一定范围的人员知悉的事项；商业秘密是指不为公众所知悉，能为权利人带来经济利益，具有实用性并经权利人采取保密措施的技术信息和经营信息；个人隐私是指与公民个人的声誉有关、本人不愿公开的个人生活事件。国家秘密一旦被律师泄露，将会使国家的安全和利益受到严重损害；当事人的商业秘密和个人隐私一旦被律师有意或无意地泄露出来，不仅会使当事人的经济利益或个人名誉受到严重损害，而且会使律师失去当事人的信赖，有损于律师的威信，不利于律师行业的发展。因此，《律师法》将保守职务秘密规定为

---

① 2011年，最高人民法院《关于对配偶子女从事律师职业的法院领导干部和审判执行岗位法官实行任职回避的规定（试行）》法发〔2011〕5号规定，人民法院领导干部和审判、执行岗位法官，其配偶、子女在其任职法院辖区内从事律师职业的，应当实行任职回避。

本规定所称法院领导干部，是指各级人民法院的领导班子成员及审判委员会专职委员。

本规定所称审判、执行岗位法官，是指各级人民法院未担任院级领导职务的审判委员会委员以及在立案、审判、执行、审判监督、国家赔偿等部门从事审判、执行工作的法官和执行员。

本规定所称从事律师职业，是指开办律师事务所、以律师身份为案件当事人提供诉讼代理或者其他有偿法律服务。

② 《律师法》第四十二条的规定，律师、律师事务所应当按照国家规定履行法律援助义务，为受援人提供符合标准的法律服务，维护受援人的合法权益。

律师的一项重要义务。①

8. 不得在同一案件中，为双方当事人担任代理人

当事人委托律师代理诉讼的目的，是通过律师依据法律取得有利于自己的证据，帮助人民法院查明案件事实，从而排除不法侵害，维护其合法权益。如果律师接受同一案件的原、被告双方当事人的委托参加诉讼，那么将无法同时维护双方当事人的合法权益，必然维护一方而损害另一方，而且也无法正常收集证据、参与辩论，从而影响人民法院对案件作出公正的裁判。因此，我国《律师法》对这一情况作出了明确的禁止性规定。②

9. 不得私自接受委托，私自向委托人收取费用，收受当事人的财物

律师私下接受委托从事执业活动，私下向委托人收取费用，或者收受委托人的财物，不仅会妨碍律师事务所对律师的管理，影响律师事务所的声誉，减少律师事务所的收入，而且会因委托关系不合法、不稳定或容易产生乱收费现象而给委托人带来损害。此外，还会造成税款损失，减少国家财政收入。为克服上述弊端，我国《律师法》明确规定了律师统一收费并如实入账的义务。③

10. 不得利用提供法律服务的便利牟取当事人争议的权益，或者接受对方当事人的财物，与对方当事人或者第三人恶意串通，侵害委托人的权益

律师是为解决当事人之间的权利义务争议而执行职务的，当然不应当介入

---

① 《律师法》第三十八条的规定，律师应当保守在执业活动中知悉的国家秘密、商业秘密，不得泄露当事人的隐私。

律师对在执业活动中知悉的委托人和其他人不愿泄露的有关情况和信息，应当予以保密。但是，委托人或者其他人准备或者正在实施危害国家安全、公共安全以及严重危害他人人身安全的犯罪事实和信息除外。

② 《律师法》第三十九条规定，律师不得在同一案件中为双方当事人担任代理人，不得代理与本人或者其近亲属有利益冲突的法律事务。

③ 《律师法》第二十五条第一款规定，律师承办业务，由律师事务所统一接受委托，与委托人签订书面委托合同，按照国家规定统一收取费用并如实入账。

《律师法》第四十条第一款规定，律师不得私自接受委托、收取费用，不得接受委托人的财物或者其他利益。

当事人争议的权益之中,更不能将牟取当事人争议的权益作为从事代理活动的目的。否则将难以防止律师利用了解案情、掌握证据的便利,欺骗委托人,侵害其权益,或者被对方当事人向律师出让的权益所诱惑,损害委托人的利益,而且也难以避免代理人不择手段地去左右争议的处理结果,导致干扰审判的情况发生。同时,律师提供法律服务,应当忠实地为委托人服务。律师一旦接受与委托人有利益冲突的对方当事人的金钱、物品,往往会背弃委托人的利益,与其职责发生根本冲突,从而也就无法为委托人尽职尽责地办理法律事务。《律师法》第四十条第二款、第三款对此有明确规定。①

**11. 律师接受委托后,无正当理由的,不得拒绝辩护或代理**

律师与委托人的关系是一种合同关系,律师作为合同当事人的一方,不得随意解除委托合同。只有委托事项本身违法,委托人利用律师提供的法律服务从事违法、欺诈等活动或者委托人隐瞒有关事实的,为了避免与律师的职责发生冲突,律师才可以拒绝辩护或者代理。我国《律师法》第三十二条对此作了明确规定。②

**12. 不得违反规定会见法官、检察官、仲裁员;不得向法官、检察官、仲裁员以及其他有关工作人员请客、送礼或者行贿,或者指使、诱导当事人行贿**

作为法律工作者,律师应当努力钻研和掌握执业所应具备的法律知识和服务技能,依靠自己的专业素质向当事人提供优质的服务,而不能通过法律所禁止的手段去影响法官、检察官、仲裁员以及其他有关工作人员,从而影响案件的公正处理,达到委托人所期望的目的。本项义务要求律师不得为使案件的处理结果有利于委托人及律师本人,而私下与法官、检察官和仲裁员见面,或者

---

① 《律师法》第四十条第二款、第三款规定,律师在执业活动中不得有下列行为:(二)利用提供法律服务的便利牟取当事人争议的权益;(三)接受对方当事人的财物或者其他利益,与对方当事人或者第三人恶意串通,侵害委托人的权益。

② 《律师法》第三十二条规定,律师接受委托后,无正当理由的,不得拒绝辩护或者代理。但是,委托事项违法、委托人利用律师提供的服务从事违法活动或者委托人故意隐瞒与案件有关的重要事实的,律师有权拒绝辩护或者代理。

进行不正当的应酬；不得向法官、检察官、仲裁员以及书记员等工作人员行贿，或者指使、诱导当事人向上述人员行贿。《律师法》第四十条第四款、第五款对此有明确规定。①

### 13. 不得提供虚假证据，隐瞒事实或者威胁、利诱他人提供虚假证据，隐瞒事实以及妨碍对方当事人合法取得证据

律师在为当事人进行诉讼代理、辩护以及参与仲裁活动时，既要忠实于当事人，又应忠实于法律，严格依法执业；既应尊重事实，提供真实的证据，又应尊重审判机关和仲裁机构。因此，律师不得对法院、仲裁机构有欺骗行为，包括不得制造、提交和陈述虚假的证据，或者隐瞒事实；不得采用威胁、利诱手段使他人提供虚假证据或者隐瞒证据。同时，证据对对方当事人也至关重要。对方当事人有取得证据、支持自己诉讼请求的权利。律师可以在法庭上与对方当事人就证据的真伪进行质证，但不得妨碍对方当事人合法取得证据，包括以威胁、利诱的方式使知情人不向对方当事人提供证据或者不出庭作证。因此，《律师法》第四十条第六款所规定的本项义务，可以保证法院或者仲裁机构准确查明事实，正确运用法律，作出公正的判决或裁决。②

### 14. 不得煽动、教唆当事人采取扰乱公共秩序、危害公共安全等非法手段解决争议

当事人解决争议应采取合法的手段和途径，不得扰乱公共秩序、危害公共安全，律师也不得煽动、教唆当事人采取非法手段解决争议。《律师法》第四十条第七款对此作出了规定。③

---

① 《律师法》第四十条第四款、第五款规定，律师在执业活动中不得有下列行为：（四）违反规定会见法官、检察官、仲裁员以及其他有关工作人员；（五）向法官、检察官、仲裁员以及其他有关工作人员行贿，介绍贿赂或者指使、诱导当事人行贿，或者以其他不正当方式影响法官、检察官、仲裁员以及其他有关工作人员依法办理案件。

② 《律师法》第四十条第六款规定，律师在执业活动中不得有下列行为：（六）故意提供虚假证据或者威胁、利诱他人提供虚假证据，妨碍对方当事人合法取得证据。

③ 《律师法》第四十条第七款规定，律师在执业活动中不得有下列行为：（七）煽动、教唆当事人采取扰乱公共秩序、危害公共安全等非法手段解决争议。

## 15. 不得扰乱法庭、仲裁庭秩序，干扰诉讼、仲裁活动的正常进行

律师应当尊重法院，遵守法庭秩序，在法官的指引下进行诉讼活动，这是各国对律师普遍的义务要求。依照《律师法》第四十条第八款，律师辩论和辩护的权利应当依法受到保障，但同时，律师也应当遵守法庭、仲裁庭秩序，按照诉讼法、仲裁法的规定进行诉讼、仲裁活动（包括按时出庭参加诉讼或仲裁），不得实施有损于审判、仲裁威信，干扰诉讼、仲裁活动正常进行的行为。[①]

---

[①] 《律师法》第四十条第八款规定，律师在执业活动中不得有下列行为：（八）扰乱法庭、仲裁庭秩序，干扰诉讼、仲裁活动的正常进行。

# 第六章　律师的职业道德和执业纪律

## 第一节　律师的职业道德

职业，指个人在社会中所从事的作为主要生活来源的工作；道德，是依靠社会舆论和人的内心信念来维持的、调整人们相互关系的行为规范的总和。由于社会分工带来社会职业的多样性，因此，道德行为和道德意识也会呈现多样性。特定职业的人从事特定活动时，总会以特定的方式表现自己，也就形成了特定的职业道德。律师职业道德是指从事律师职业的人所应信奉的道德，以及在执行职务、履行职责时应遵循的行为规范。

律师作为一种特殊的职业，其性质、任务和特点要求律师必须具备良好的职业道德，同时在执业过程中也应当遵循严格的纪律规范。律师的职业道德和执业纪律是与律师对社会所负的特殊责任联系在一起的，它们既是律师政治素质、理想信念、思想品质、纪律作风、情操气质和风度的综合体现，也是净化律师队伍，维护律师职业声誉，推动律师为社会提供优质法律服务的重要保证。[①]

律师的职业道德与律师的职业特点及其对社会所负的特殊责任紧密联系在一起，律师的职业道德是影响律师职业的最重要的规则，反映了律师职业的精髓和实质，也是法治发展状况的体现。

---

① 张勇：《律师职业道德》，法律出版社，2015。

## 一、律师执业必须坚持以维护当事人的合法权益为中心

律师应为维护当事人的合法权益服务。因为律师的主要职责是接受民事、行政案件当事人的委托，担任代理人，参加诉讼或调解、仲裁活动，目的是保障当事人的合法权益不受侵犯，所以律师执业的首要原则是坚持以维护当事人的合法权益为中心。

此外，这一原则在西方国家通常被表述为"忠于委托人"或"尽忠服务"。委托人将自己的生命、自由、财产等权利委托给律师，律师应当热情勤勉、诚实守信、尽职尽责地为委托人提供法律服务，努力满足委托人的正当要求，不得对委托人授权代理的法律事务无故拖延、玩忽职守、草率处理。对因律师懈怠或疏忽，致委托人受损害者，律师应负赔偿责任。

## 二、律师执业必须以事实为根据，以法律为准绳

律师要以事实为根据，以法律为准绳，即律师执业要忠于法律和事实。这是律师服务的质量要求。[1] 以事实为根据，要求律师在接受当事人的委托，担任代理人，参加各种诉讼案件，或参加调解、仲裁活动，或提供法律服务时，要忠于事实真相，立足于客观事实，使自己的活动始终建立在有充分、可靠证据证明的客观事实基础上，不能提供虚假的证据证明，以妨害公正的判决，丧失公平，损害当事人的合法权益。以法律为准绳，就是有法可依，有法必依。这要求律师在进行业务活动时，必须以国家现行有效的法律法规为标准，不随意使用法律、不随意歪曲法意，立足于现有法律标准来办事。

---

[1] 《律师职业道德和执业纪律规范》第四条规定，律师应当忠于宪法和法律，坚持以事实为根据，以法律为准绳，严格依法执业。律师应当忠于职守，坚持原则，维护国家法律与社会正义。

## 三、忠于职守，维护国家法律和社会正义

律师应当坚持真理，维护正义。正义是法的重要价值，作为法的守护者，律师要立足于本职工作，公平地对待当事人，在社会上传播正能量，维护社会正义。

律师在法律服务中应该忠于职守，坚持原则，为维护国家法律和社会正义而活动，要坚持依法独立执业原则，抵制和排除非法的干预，除独立于权力外，还应保持经济利益上的独立性。

## 四、廉洁自律，维护职业形象

由于律师的使命在于维护人权，实现正义，所以各国的立法均对律师的职业道德提出了很高的要求。例如，德国律师法的第四十三条规定："律师须认真执行职务，在执行职务时或执行职务以外均应表现得值得被尊重和信赖。"我国《律师职业道德和执业纪律规范》第六条规定："律师应当敬业勤业，努力钻研业务，掌握执业所应具备的法律知识和服务技能，不断提高执业水平。"《律师职业道德和执业纪律规范》第七条规定："律师应当珍视和维护律师职业声誉，模范遵守社会公德，注重陶冶品行和职业道德修养。"因此，在道德上，律师要具备高尚的职业道德，纪律上也应该廉洁自律，这样才能具有职业声誉，才能保证自己的行为无损于律师的职业形象。

## 五、诚实守信、尽职尽责地为当事人服务

"诚实守信，尽职尽责"，应该是律师为当事人提供法律帮助时所应具备的高尚的道德品质。当事人请求律师提供法律服务时，在诚实守信方面，律师

应该本着公平、真诚与恪守信用的精神去为当事人提供法律服务。诚实守信应始终贯穿提供服务的全过程，律师不能背信弃义，出尔反尔，给当事人带来麻烦。在尽职尽责方面，律师应该勤勉服务，有效率地工作，不无故拖延时间，要恪尽职守，不敷衍、马虎行事，否则，律师的行为会给当事人的合法权益带来不应有的侵害，或者使当事人的事情得不到及时的解决。

## 六、保守秘密和委托人的隐私

律师要注意保守与职务相关的秘密，这不仅是律师的义务，也是律师的职业道德。律师在执业活动中经常会涉及国家的秘密、当事人的商业秘密和隐私等，当律师在执业活动中知悉国家的秘密、当事人的商业秘密以及隐私时，不得泄露出去。反之，如泄露出去，涉及国家秘密的，会使国家的财产、知识产权受到侵害，使国家的安全受到威胁，使人民的利益受到侵害；涉及当事人的商业秘密的，会使当事人的财产、知识产权受到侵害；涉及当事人的隐私的，会侵犯到当事人的人身权利，这些都是法律所不允许的。

律师保守职务秘密的同时，还应注意到另外三个问题：一是，当遇到某些当事人为了自己的利益而损害他人的利益进行违法犯罪时，律师在其业务活动中，不应利用职务上的便利去协助当事人实施违法犯罪行为，或者帮助当事人隐瞒违法犯罪的事实，否则律师也要为此承担法律责任；二是，对于当事人预谋违法犯罪的情况，律师不能为其保密，应当告知有关部门予以制止或予以制裁；三是，如果当事人错误地控告律师，而律师又只能根据与职务秘密有关的材料来反驳当事人的控告，这时律师对这些材料也必须保密，这样才能保护好自己。[①]

---

[①] 任继鸿：《律师实务与职业伦理》，中国政法大学出版社，2014。

## 第二节 律师的执业纪律

律师的执业纪律是律师在执业过程中应遵守的行为规则,是根据职业道德的有关内容制定的成文规定,二者的内容是相互渗透、相互重合的。律师是专门为社会提供法律服务的执业人员,肩负着维护当事人合法权益和保障国家法律正确实施的职责。因此,应制定严格的纪律规范律师执业,使其尽职尽责地履行职责。[①]

### 一、律师的工作纪律

律师的执业纪律是律师协会制定的,是规范律师执业活动的行业准则。那么,律师应注意哪些执业纪律规范呢?

在其工作中,律师要遵守国家司法行政部门制定的律师工作规章和律师协会制定的行业规范,必须遵守工作纪律和规章制度。根据《律师职业道德和执业纪律规范》的规定,律师应接受律师事务所的监督,律师不能以个人名义私自接受委托,也不得私自向委托人收取任何费用、额外报酬或其他财物。当律师被指派承担法律援助义务时,不应拒绝或疏怠履行。如果律师拒绝和疏怠履行法律援助义务,会使当事人的合法权益得不到保障,甚至会影响到案件的公正审理。在律师事务所收费方面,律师不得违反收费制度和财务纪律,不得挪用、私分、侵占业务收费。另外,律师也不能在两个以上律师事务所同时执业,否则会形成执业上的垄断,也会造成司法行政机关监管上的重复。

---

① 许身健:《法律职业伦理》,北京大学出版社,2014。

## 二、律师在诉讼和仲裁活动中的纪律

在诉讼和仲裁活动中不得唯利是图,这是律师必须注意的纪律。律师在案件的审理和裁决中,不得与本案的审判人员、检查人员、仲裁人员在非办公场所接触,不得向这些人员赠送钱物,也不得以许诺、回报或提供其他便利等方式,与承办案件的执法人员进行交易,影响案件的公正审理和裁决。

律师要遵守法庭和仲裁庭的纪律,要尊重法官和仲裁员,并注意遵守出庭时间、提交法律文书的期限及其他与履行职务有关的程序规定。律师在参与刑事案件诉讼时,不得借职务之便违反规定为被告人传递信件、钱物或与案件有关的信息。如果律师不遵守纪律,一方面,这些违法违纪行为会给我国的司法形象带来不好的影响;另一方面,这些行为也会破坏司法公正,影响个案的公正审理,最终不利于当事人维护自身的合法权益。

## 三、接受委托,诚实服务

律师在接受当事人的委托,为当事人提供法律服务时,不得利用提供法律服务的便利去牟取当事人争议的权益;律师在代理或辩护业务中也不能作虚假承诺以谋取利益。律师如果违反这些执业纪律,会使当事人备受损害,即当事人不仅不能达到维权的目的,反而会遭受更大的伤害。①

律师接受当事人的委托后,当知道当事人有非法的、不道德的或有欺诈性的要求或行为时,律师应该拒绝为其提供法律服务;如果明知当事人错误仍然为其服务的,就等于助长了当事人的违法行为,律师本身也成了知法违法的人。这是法律所不支持、不允许的。

律师在与当事人依法解除委托关系后,不能在同一案件中担任有利益冲突

---

① 张品泽:《律师学》,中国人民公安大学出版社,2015。

的他方当事人的代理人,如果律师这样做,原当事人在司法诉讼中就容易处于不利的地位。因此,为了维护案件的公平正义,保障当事人的合法权益,《律师职业道德和执业纪律规范》对这一行为作出了限制。[①]同样的,当接受委托人的委托后,律师在未征得委托人同意的情况下,不得接受对方当事人办理其他法律事务的委托,但委托事项已经办结的除外。如果未办结委托事项,就去接受对方当事人办理其他法律事务的委托,可能会影响原委托人的利益,甚至影响代理案件的公正审理。

## 四、律师同行的纪律

随着我国社会主义市场经济的不断发展,有些律师由于受到经济利益的驱使,并不是与同行互相团结协作,而是不择手段地损害其他律师的威信和名誉,阻挠或者拒绝委托人再委托其他律师参与法律事务,进行业务垄断。对于这一现象,我国的法律是禁止的。

我国法律鼓励律师之间互相学习、共同进步,禁止律师同行之间互相贬损或者诋毁,禁止律师给委托人或介绍人提供各种名义的财物或利益许诺,禁止律师利用新闻媒介或其他手段炫耀自己、招揽业务、排斥同行,禁止律师利用

---

① 《律师职业道德和执业纪律规范》第二十八条规定,律师不得在同一案件中为双方当事人担任代理人。

与行政机关、社会团体以及经济组织的关系进行业务垄断和不正当竞争。①只有律师遵守行业规范，互相尊重，才能共同维护法律的尊严，促进社会的进步与文明。

总之，律师的业务主要是维护真理，维护法律，为公民、法人和其他组织提供法律服务。因此，律师在执业活动中具备职业道德和遵守执业纪律非常重要，能为建设中国特色社会主义事业提供持续、稳定的良好环境，创造有利条件，还能为社会主义和谐发展助力。

---

① 《律师职业道德和执业纪律规范》第四十三条规定，律师、律师事务所可以通过以下方式介绍自己的业务领域和专业特长：1. 可以通过文字作品、研讨会、简介等方式以普及法律，宣传自己的专业领域，推荐自己的专业特长；2. 提倡、鼓励律师、律师事务所参加社会公益活动。

《律师职业道德和执业纪律规范》第四十四条规定，律师不得以下列方式进行不正当竞争：1. 不得以贬低同行的专业能力和水平等方式，招揽业务；2. 不得以提供或承诺提供回扣等方式承揽业务；3. 不得利用新闻媒介或其他手段向其提供虚假信息或夸大自己的专业能力；4. 不得在名片上印有各种学术、学历、非律师业职称、社会职务以及所获荣誉等；5. 不得以明显低于同业的收费水平竞争某项法律事务。

# 第七章 律师收费和法律援助

## 第一节 律师收费

### 一、律师收费的法律依据与原则

（一）统一收费原则

律师服务费、代委托人支付的费用和异地办案差旅费由律师事务所统一收取。

（二）公开公平、自愿有偿、诚实信用原则

律师服务收费遵循公开公平、自愿有偿、诚实信用原则。

（三）按标准收费原则

律师事务所应当严格执行价格主管部门会同司法行政部门制定的律师服务收费管理办法和收费标准；应当公示收费办法和收费标准等信息，接受社会监督。

### (四) 协商一致原则

律师事务所接受委托，应当与委托人签订律师服务收费合同或者在委托代理合同中载明收费条款。收费合同或收费条款应当包括：收费项目、收费标准、收费方式、收费数额、付款和结算方式、争议解决方式等内容。

## 二、律师收费的形式与价格

### (一) 律师收费形式

律师收费的形式可以分为计件收费、按标的额比例收费、计时收费、风险代理等。[1]不同的案件对应不同的收费形式。[2]

---

[1] 《律师服务收费管理办法》第十条规定，律师服务收费可以根据不同的服务内容，采取计件收费、按标的额比例收费和计时收费等方式。
计件收费一般适用于不涉及财产关系的法律事务；
按标的额比例收费适用于涉及财产关系的法律事务；
计时收费可适用于全部法律事务。

[2] 《律师服务收费管理办法》第十一条规定，办理涉及财产关系的民事案件时，委托人被告知政府指导价后仍要求实行风险代理的，律师事务所可以实行风险代理收费，但下列情形除外：
（一）婚姻、继承案件；
（二）请求给予社会保险待遇或者最低生活保障待遇的；
（三）请求给付赡养费、抚养费、扶养费、抚恤金、救济金、工伤赔偿的；
（四）请求支付劳动报酬的等。
《律师服务收费管理办法》第十二条规定，禁止刑事诉讼案件、行政诉讼案件、国家赔偿案件以及群体性诉讼案件实行风险代理收费。
《律师服务收费管理办法》第十三条规定，实行风险代理收费，律师事务所应当与委托人签订风险代理收费合同，约定双方应承担的风险责任、收费方式、收费数额或比例。
实行风险代理收费，最高收费金额不得高于收费合同约定标的额的30%。

## （二）律师收费价格

1. 政府指导价：代理民事诉讼案件；代理行政诉讼案件；代理国家赔偿案件；代理刑事诉讼案件和担任刑事辩护人；代理申诉。①

2. 市场调节价：律师担任法律顾问；提供法律咨询；提供法律意见书等非诉讼法律事务。②

# 三、律师收费程序

## （一）费用的收取

我国《律师服务收费管理办法》规定，律师应在律师服务收费合同中载明

---

① 《律师服务收费管理办法》第五条规定，律师事务所依法提供下列法律服务实行政府指导价：
（一）代理民事诉讼案件；
（二）代理行政诉讼案件；
（三）代理国家赔偿案件；
（四）为刑事案件犯罪嫌疑人提供法律咨询、代理申诉和控告、申请取保候审，担任被告人的辩护人或自诉人、被害人的诉讼代理人；
（五）代理各类诉讼案件的申诉。
律师事务所提供其他法律服务的收费实行市场调节价。
② 《律师服务收费管理办法》第九条规定，实行市场调节的律师服务收费，由律师事务所与委托人协商确定。

收费条款，并且需要向委托人出具合法的票据。①

## （二）律师服务费的减、免、缓

对于特殊的案件，如法律援助案件或者当事人存在特殊经济困难的案件，律师事务所可以免收、缓收或者免除律师服务费。②

---

① 《律师服务收费管理办法》规定如下：

第十六条规定，律师事务所接受委托，应当与委托人签订律师服务收费合同或者在委托代理合同中载明收费条款。

收费合同或收费条款应当包括：收费项目、收费标准、收费方式、收费数额、付款和结算方式、争议解决方式等内容。

第十七条规定，律师事务所与委托人签订合同后，不得单方变更收费项目或者提高收费数额。确需变更的，律师事务所必须事先征得委托人的书面同意。

第十八条规定，律师事务所向委托人收取律师服务费，应当向委托人出具合法票据。

第十九条规定，律师事务所在提供法律服务过程中代委托人支付的诉讼费、仲裁费、鉴定费、公证费和查档费，不属于律师服务费，由委托人另行支付。

第二十条规定，律师事务所需要预收异地办案差旅费的，应当向委托人提供费用概算，经协商一致，由双方签字确认。确需变更费用概算的，律师事务所必须事先征得委托人的书面同意。

第二十一条规定，结算第十八条和第十九条有关费用时，律师事务所应当向委托人提供代其支付的费用和异地办案差旅费清单及有效凭证。不能提供有效凭证的部分，委托人可不予支付。

第二十二条规定，律师服务费、代委托人支付的费用和异地办案差旅费由律师事务所统一收取。律师不得私自向委托人收取任何费用。

② 《律师服务收费管理办法》第二十三条规定，律师事务所应当接受指派承办法律援助案件。办理法律援助案件不得向受援人收取任何费用。

对于经济确有困难，但不符合法律援助范围的公民，律师事务所可以酌情减收或免收律师服务费。

## 第二节 法律援助

### 一、法律援助概述

#### （一）法律援助的概念

根据《中华人民共和国法律援助法》（以下简称《法律援助法》）第二条的规定，法律援助是指国家建立的为经济困难公民和符合法定条件的其他当事人无偿提供法律咨询、代理、刑事辩护等法律服务的制度，是公共法律服务体系的组成部分。

法律援助制度，又称法律救助制度、法律扶助制度，是为世界各国普遍采用的国家对因经济困难无力支付法律服务费用的当事人或者特殊案件的当事人减免收费提供法律帮助的一项司法救济制度。[①]

法律援助具有以下特点：

1. 法律援助是国家行为或者行政行为，由政府设立的法律援助机构组织实施，体现了国家和政府对公民应尽的义务。法律援助从产生、发展到完善都与国家的职能和法制建设密切相关。

2. 法律援助是法律化、制度化行为，是国家社会保障制度的重要组成部分。

3. 受援对象为经济困难者、残疾者、弱者或者经公安机关、人民检察院、人民法院通知给予法律援助的特殊对象。

4. 法律援助机构对符合援助条件的受援人免收全部法律服务费用，包括律师费、公证费及其他相关服务费用。

5. 法律援助的形式，既包括诉讼法律服务，也包括非诉讼法律服务。

---

① 黄东东：《民事法律援助范围立法之完善》，《法商研究》2020 年第 37 期。

## （二）法律援助的起源和发展

法律援助的萌芽可追溯到 15 世纪末的苏格兰王国。1495 年，苏格兰国王在一个法案中规定，"正义应当同样给予贫困的人""根据正义原则任命的律师应同样地为穷苦人服务"，并承认穷人享有免付诉讼费的权利。苏格兰还创立了穷人登记册制度，在册者若提起诉讼，可免费得到法律顾问和代理人的帮助。上述法案和制度是西方法律援助的雏形，也是近现代法律援助历史的开端。

到 18 世纪末，随着资产阶级民主革命的胜利，近代法律援助也以"公设辩护人"的形式出现了。1781 年，奥地利法律程序法典规定了国家为穷苦当事人支付案件费用的义务；法国一七九三年宪法（《雅各宾宪法》）规定，"被告人应有自行选定的辩护人或公设辩护人"，公设辩护人领取固定薪金，为无力聘请律师的被告人辩护。应该指出，这一时期对穷人的法律援助，无论是由私人律师或宗教组织自发地提供免费服务，还是由行政机关或公共援助机构实施法律帮助，通常被认为是律师为了公共利益和职业道德的要求而自发地向穷人提供援助的一项慈善事业，具有很强的随意性，因此也限制了法律援助的范围和程序。援助对象是由法律规定的贫穷的社会阶层，如西班牙 1771 年创设的"穷人律师"轮换制度和美国 19 世纪末各州律师协会的道德行为规范，都仅仅要求律师向刑事案件中贫穷的囚犯提供辩护，而没有规定律师在民事争议中对穷人应尽的责任。19 世纪，许多国家试图将法律援助的慈善性质与穷人得到法律援助的基本权利相结合，提出了"基于慈善而应有的，就是基于法律而应得到的"思想。

19 世纪末 20 世纪初，法律援助作为人人都享有的一项政治权利，在各国逐渐得到了确认。这标志着近代法律援助制度的建立。第二次世界大战以后，法律援助迅速发展，现代资本主义国家法律援助的发展逐渐演变为以下三种基本模式：

1. 以保证法律面前人人平等为目标，通过用公共基金支付律师费用、创设公共或私人保险形式的预付法律服务制度以及由私人律师提供免费服务等方式提供法律援助。这种模式主要在法国、德国、意大利、西班牙、比利时等国家实行。

2. 在行政机关的指导和控制下，制定更为广泛的援助项目计划框架，由私人律师提供具有公益性质的服务，同时也允许一些社会组织向其所属成员提供援助。这种模式主要出现在英国、加拿大、瑞典等国家。

3. 法律援助作为更广泛范围内的社会服务的组成部分，通过公共中心实施一个总体计划，达到社会发展目标。这种模式以二十世纪六七十年代的美国为典型。

发展中国家也于二十世纪六七十年代相继建立了法律援助制度。尽管发展中国家的法律援助制度不如西方发达国家那样完善，但仍在社会生活中发挥着重要作用。

法律援助作为一项重要的人权保障制度，已为《经济、社会及文化权利国际公约》《公民权利和政治权利国际公约》《关于保护面对死刑的人的权利的保障措施》等国际法律文件所确认而成为人权保障的一项基本原则。迄今为止，法律援助已在140多个国家确立，为世界各国所采用。

（三）法律援助的意义

法律援助在维护人权、实现司法公正、保障法律面前人人平等等方面发挥了重要作用。

1. 保障公民权利，实现司法公正

司法公正是人们为解决各类社会冲突而追求的一种法律理想和法律评价，包括实体公正和程序公正。实体公正要求对所有人平等适用法律和制度，使其享有公平的机会；程序公正则强调对不同情况和不同的人予以不同的调整，以达到结果公平。在现实生活中，由于社会个体之间存在着经济状况好坏、知识和信息多寡等差别，使得一些人难以通过平等的机会来维护自身的合法权益，客观上造成程序方面的不公正，从而导致实体的不公正。因此，法律援助的建立有利于克服社会弱者维护权利过程中的司法障碍，维护公民的合法权益，从而成为保障司法公正的一项重要制度。

**2. 确保法律平等原则的实现**

"法律面前人人平等"是国际社会公认的一项法律基本原则，其含义是，一个国家的所有公民，不论其社会地位、财产、种族、年龄等差别，都一律平等地受到法律的保护，实现法律所赋予的权利。从严格意义上讲，"法律面前人人平等"只是一种程序平等的权利，它本身并不能保证实体法律权利的平等。法律援助的建立在一定程度上能消除事实上的不平等现象，促使公民平等地进入司法程序，平等地获得法律帮助以维护自己的合法权益，从而更好地实现法律面前事实上的人人平等。

**3. 促进法制完备，强化社会管理功能**

法律援助的出现以国家法制的相对完备和律师制度的发展为前提，在实现法律对社会的管理功能、扩大法律调整社会关系的覆盖面、完善法律机制等方面起着重要的作用，突显了现代社会文明进步的特征。

## 二、法律援助的对象和范围

### （一）法律援助的对象

法律援助的对象，是指具备法律援助条件、可以获得法律援助的人。例如，因经济困难或者有特殊身份（如英雄烈士的近亲属等），可以在法定情形下，申请法律援助。①目前,我国法律援助对象的范围已经较《法律援助法》出台前有所扩大,但是仍然有相当一部分人被排除在法律援助范围之外,因此,为了保障公民的合法权益,使更多人获得法律援助,法律援助的对象范围还需要继续扩大。

## (二)法律援助的范围

法律援助并不仅指法律援助律师帮助受援助对象代理诉讼或者进行刑事

---

① 《法律援助法》第三十一条规定,下列事项的当事人,因经济困难没有委托代理人的,可以向法律援助机构申请法律援助:
(一)依法请求国家赔偿;
(二)请求给予社会保险待遇或者社会救助;
(三)请求发给抚恤金;
(四)请求给付赡养费、抚养费、扶养费;
(五)请求确认劳动关系或者支付劳动报酬;
(六)请求认定公民无民事行为能力或者限制民事行为能力;
(七)请求工伤事故、交通事故、食品药品安全事故、医疗事故人身损害赔偿;
(八)请求环境污染、生态破坏损害赔偿;
(九)法律、法规、规章规定的其他情形。
《法律援助法》第三十二条规定,有下列情形之一,当事人申请法律援助的,不受经济困难条件的限制:
(一)英雄烈士近亲属为维护英雄烈士的人格权益;
(二)因见义勇为行为主张相关民事权益;
(三)再审改判无罪请求国家赔偿;
(四)遭受虐待、遗弃或者家庭暴力的受害人主张相关权益;
(五)法律、法规、规章规定的其他情形。

辩护，还包括很多内容，如法律咨询、律师见证、律师调解等。①

对于刑事案件的犯罪嫌疑人、被告人申请法律援助的，《法律援助法》作出了特殊规定。②

## 三、法律援助的申请和审查

### （一）法律援助的申请

法律援助的申请方式包括书面方式和口头方式。法律援助的受理机构为法

---

① 《法律援助法》第二十二条规定，法律援助机构可以组织法律援助人员依法提供下列形式的法律援助服务：
（一）法律咨询；
（二）代拟法律文书；
（三）刑事辩护与代理；
（四）民事案件、行政案件、国家赔偿案件的诉讼代理及非诉讼代理；
（五）值班律师法律帮助；
（六）劳动争议调解与仲裁代理；
（七）法律、法规、规章规定的其他形式。
② 《法律援助法》第二十四条规定，刑事案件的犯罪嫌疑人、被告人因经济困难或者其他原因没有委托辩护人的，本人及其近亲属可以向法律援助机构申请法律援助。
《法律援助法》第二十五条规定，刑事案件的犯罪嫌疑人、被告人属于下列人员之一，没有委托辩护人的，人民法院、人民检察院、公安机关应当通知法律援助机构指派律师担任辩护人：
（一）未成年人；
（二）视力、听力、言语残疾人；
（三）不能完全辨认自己行为的成年人；
（四）可能被判处无期徒刑、死刑的人；
（五）申请法律援助的死刑复核案件被告人；
（六）缺席审判案件的被告人；
（七）法律法规规定的其他人员。
其他适用普通程序审理的刑事案件，被告人没有委托辩护人的，人民法院可以通知法律援助机构指派律师担任辩护人。

律援助中心及其设立的乡镇法律援助工作站。申请法律援助,应遵守相应的规定,按照相应的程序进行申请,并提交必要的材料。①

申请法律援助应提交以下材料:

1. 身份证或者其他有效的身份证明,代理申请人还应当提交拥有代理权的证明;

2. 经济困难的证明;

3. 与所申请法律援助事项有关的案件材料。

需要注意的是,属于特殊人员的,无需提供经济困难证明。②

### (二)法律援助的审查

#### 1. 审查的内容

法律援助机构主要从三个方面对法律援助申请进行审查:

(1)审查所申请事项是否属于法律援助案件的范围;

(2)审查申请人的主体资格;

(3)审查提交的材料是否齐全和真实。

---

① 《法律援助法》第三十八条规定,对诉讼事项的法律援助,由申请人向办案机关所在地的法律援助机构提出申请;对非诉讼事项的法律援助,由申请人向争议处理机关所在地或者事由发生地的法律援助机构提出申请。

《法律援助法》第四十条规定,无民事行为能力人或者限制民事行为能力人需要法律援助的,可以由其法定代理人代为提出申请。法定代理人侵犯无民事行为能力人、限制民事行为能力人合法权益的,其他法定代理人或者近亲属可以代为提出法律援助申请。

被羁押的犯罪嫌疑人、被告人、服刑人员,以及强制隔离戒毒人员,可以由其法定代理人或者近亲属代为提出法律援助申请。

② 《法律援助法》第四十二条规定,法律援助申请人有材料证明属于下列人员之一的,免予核查经济困难状况:

(一)无固定生活来源的未成年人、老年人、残疾人等特定群体;

(二)社会救助、司法救助或者优抚对象;

(三)申请支付劳动报酬或者请求工伤事故人身损害赔偿的进城务工人员;

(四)法律、法规、规章规定的其他人员。

这里法律、法规、规章规定的其他人员包括领取最低生活保障金或失业保险金等人员。

2. 审查的程序

法律援助机构自收到援助申请之日起,要按照《法律援助法》的规定,在限定的期限内对申请材料进行审查,并作出是否给予法律援助的决定。[①]如果提交的申请材料不足,法律援助机构应告知申请人进行补正。

3. 审查的结果及处理方式

(1) 补充递交材料:法律援助机构经审查认为申请人递交的申请材料不齐全的,应该一次性告知申请人进行必需的补充或者说明。申请人提供补充材料的时间不计入审查决定期限。

(2) 调查核实材料:法律援助机构经审查认为申请人递交的申请材料需要查证的,应该向相关单位进行调查核实。法律援助机构调查核实的时间不计入审查决定期限。

(3) 决定:符合法定情形的,法律援助机构可以决定先行提供法律援助。[②]

(4) 指派:法律援助机构应该自作出予以法律援助决定之日起三日内指派法律援助人员,并将确定的法律援助人员姓名、联系方式告知受援人。受援人没法联系到的除外。

(5) 终止法律援助:对于符合法定终止情形的,应当终止法律援助。

(6) 提出异议:申请人、受援人对法律援助机构不予法律援助、终止法律

---

[①]《法律援助法》第四十三条规定,法律援助机构应当自收到法律援助申请之日起七日内进行审查,作出是否给予法律援助的决定。决定给予法律援助的,应当自作出决定之日起三日内指派法律援助人员为受援人提供法律援助;决定不给予法律援助的,应当书面告知申请人,并说明理由。

申请人提交的申请材料不齐全的,法律援助机构应当一次性告知申请人需要补充的材料或者要求申请人作出说明。申请人未按要求补充材料或者作出说明的,视为撤回申请。

[②]《法律援助法》第四十四条规定,法律援助机构收到法律援助申请后,发现有下列情形之一的,可以决定先行提供法律援助:

(一) 距法定时效或者期限届满不足七日,需要及时提起诉讼或者申请仲裁、行政复议的;

(二) 需要立即申请财产保全、证据保全或者先予执行的;

(三) 法律、法规、规章规定的其他情形。

法律援助机构先行提供法律援助的,受援人应当及时补办有关手续,补充有关材料。

援助的决定有异议的,可以向设立该法律援助机构的司法行政部门提出异议。司法行政部门应当自收到异议之日起五日内进行审查,作出维持法律援助机构决定或者责令法律援助机构改正的决定。申请人、受援人对司法行政部门维持法律援助机构决定不服的,可以依法申请行政复议或者提起行政诉讼。

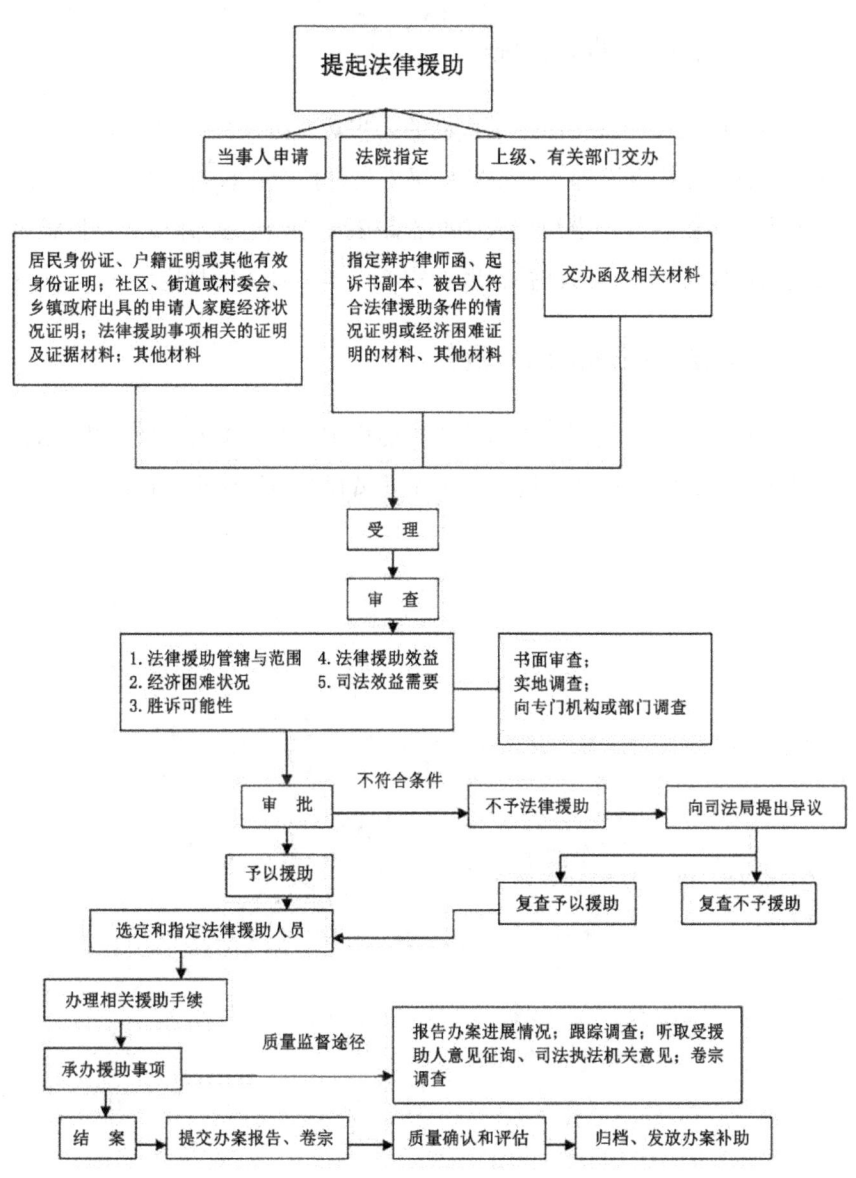

图1 法律援助案件审批流程图

## 四、法律援助的实施与法律责任

(一) 法律援助的实施

法律援助人员应该按照申请援助的内容对受援人员进行法律援助,如通过和解、调解、提起诉讼等方式帮助受援人员维护合法权益。对于刑事案件,法律援助人员应履行好刑事辩护人的职责,按照规定出庭,并提交辩护意见。《法律援助条例实施细则》对法律援助的实施作出了具体的规定。

(二) 法律援助的法律责任

法律援助机构及其工作人员应当按照规定,为受援人提供法律援助,如果在援助过程中,法律援助机构及其工作人员存在违法违规的情况,按照《法律援助法》,法律援助机构及其工作人员应当承当相应的法律责任。[1]如果受援人在申请法律援助的过程中存在违法或者违规情况,按照法律的规定,也应该承当相应的法律责任。[2]

---

[1] 《法律援助法》第六十一条规定,法律援助机构及其工作人员有下列情形之一的,由设立该法律援助机构的司法行政部门责令限期改正;有违法所得的,责令退还或者没收违法所得;对直接负责的主管人员和其他直接责任人员,依法给予处分:

(一)拒绝为符合法律援助条件的人员提供法律援助,或者故意为不符合法律援助条件的人员提供法律援助;

(二)指派不符合本法规定的人员提供法律援助;

(三)收取受援人财物;

(四)从事有偿法律服务;

(五)侵占、私分、挪用法律援助经费;

(六)泄露法律援助过程中知悉的国家秘密、商业秘密和个人隐私;

(七)法律法规规定的其他情形。

第六十二条规定,律师事务所、基层法律服务所有下列情形之一的,由司法行政部门依法给予处罚:

(一)无正当理由拒绝接受法律援助机构指派;

(二)接受指派后,不及时安排本所律师、基层法律服务工作者办理法律援助事项或者拒绝为本所律师、基层法律服务工作者办理法律援助事项提供支持和保障;

(三)纵容或者放任本所律师、基层法律服务工作者怠于履行法律援助义务或者擅自终止提供法律援助;

(四)法律法规规定的其他情形。

第六十三条规定,律师、基层法律服务工作者有下列情形之一的,由司法行政部门依法给予处罚:

(一)无正当理由拒绝履行法律援助义务或者怠于履行法律援助义务;

(二)擅自终止提供法律援助;

(三)收取受援人财物;

(四)泄露法律援助过程中知悉的国家秘密、商业秘密和个人隐私;

(五)法律法规规定的其他情形。

第六十五条规定,违反本法规定,冒用法律援助名义提供法律服务并谋取利益的,由司法行政部门责令改正,没收违法所得,并处违法所得一倍以上三倍以下罚款。

第六十六条规定,国家机关及其工作人员在法律援助工作中滥用职权、玩忽职守、徇私舞弊的,对直接负责的主管人员和其他直接责任人员,依法给予处分。

第六十七条规定,违反本法规定,构成犯罪的,依法追究刑事责任。

[2] 《法律援助法》第六十四条规定,受援人以欺骗或者其他不正当手段获得法律援助的,由司法行政部门责令其支付已实施法律援助的费用,并处三千元以下罚款。

# 第八章 律师的法律责任

## 第一节 律师的法律责任概述

### 一、律师的法律责任的概念和分类

律师的法律责任,是指律师或律师事务所在执业过程中因违反法定义务所应承担的法律责任。《律师法》第六章对律师的法律责任作了规定。

律师的法律责任,按责任主体的不同,可以分为律师的法律责任和律师事务所的法律责任;按责任性质的不同,可以分为律师的行政法律责任、律师的民事法律责任和律师的刑事法律责任。

### 二、规定律师的法律责任的意义

对有违法行为的律师或律师事务所进行处罚,是加强律师职业道德和执业纪律的重要保障,有利于保证律师队伍的纯洁,提高律师的素质,增强律师的自律性,维护律师的形象,提高律师的声誉,从而保证律师依法执行职务,认真履行职责,实现职业目的。

# 第二节 律师的行政法律责任

## 一、律师的行政法律责任的概念和种类

律师的行政法律责任,是指律师或律师事务所对其违反有关律师管理的法律、法规和规章的行为所应承担的法律后果。

按照《律师法》第四十七、四十八、四十九条的相关规定,律师有违法执业行为的,给予下列处罚:(1)警告;(2)罚款;(3)没收违法所得;(4)停止执业;(5)吊销执业证书;(6)构成犯罪的,依法追究刑事责任。

按照《律师法》第五十条的规定,律师事务所有违法执业行为的,给予下列处罚:(1)警告;(2)罚款;(3)没收违法所得;(4)停业整顿;(5)吊销律师事务所执业证书。

## 二、律师的行政法律责任

《律师法》对律师的具体行政法律责任规定如下:

(一)警告、罚款、没收违法所得、停止执业

如果律师在执业过程中存在违规行为,会由有管辖权的司法行政部门给予

警告、罚款、没收违法所得、停止执业等行政处罚。①

（二）吊销执业证书

如果律师在执业过程中存在法律规定的禁止行为，情节严重的，由省、自

---

① 《律师法》第四十七条规定，律师有下列行为之一的，由设区的市级或者直辖市的区人民政府司法行政部门给予警告，可以处五千元以下的罚款；有违法所得的，没收违法所得；情节严重的，给予停止执业三个月以下的处罚：
（一）同时在两个以上律师事务所执业的；
（二）以不正当手段承揽业务的；
（三）在同一案件中为双方当事人担任代理人，或者代理与本人及其近亲属有利益冲突的法律事务的；
（四）从人民法院、人民检察院离任后二年内担任诉讼代理人或者辩护人的；
（五）拒绝履行法律援助义务的。
《律师法》第四十八条规定，律师有下列行为之一的，由设区的市级或者直辖市的区人民政府司法行政部门给予警告，可以处一万元以下的罚款；有违法所得的，没收违法所得；情节严重的，给予停止执业三个月以上六个月以下的处罚：
（一）私自接受委托、收取费用，接受委托人财物或者其他利益的；
（二）接受委托后，无正当理由，拒绝辩护或者代理，不按时出庭参加诉讼或者仲裁的；
（三）利用提供法律服务的便利牟取当事人争议的权益的；
（四）泄露商业秘密或者个人隐私的。

## 第八章 律师和律师事务所的法律责任

治区、直辖市人民政府司法行政部门吊销其律师执业证书。①

### （三）律师事务所停业整顿、吊销事务所执业证书

如果律师事务所在执业过程中存在违规或违法情况，由具有管辖权的司法

---

① 《律师法》第四十九条规定，律师有下列行为之一的，由设区的市级或者直辖市的区人民政府司法行政部门给予停止执业六个月以上一年以下的处罚，可以处五万元以下的罚款；有违法所得的，没收违法所得；情节严重的，由省、自治区、直辖市人民政府司法行政部门吊销其律师执业证书；构成犯罪的，依法追究刑事责任：

（一）违反规定会见法官、检察官、仲裁员以及其他有关工作人员，或者以其他不正当方式影响依法办理案件的；

（二）向法官、检察官、仲裁员以及其他有关工作人员行贿，介绍贿赂或者指使、诱导当事人行贿的；

（三）向司法行政部门提供虚假材料或者有其他弄虚作假行为的；

（四）故意提供虚假证据或者威胁、利诱他人提供虚假证据，妨碍对方当事人合法取得证据的；

（五）接受对方当事人财物或者其他利益，与对方当事人或者第三人恶意串通，侵害委托人权益的；

（六）扰乱法庭、仲裁庭秩序，干扰诉讼、仲裁活动正常进行的；

（七）煽动、教唆当事人采取扰乱公共秩序、危害公共安全等非法手段解决争议的；

（八）发表危害国家安全、恶意诽谤他人、严重扰乱法庭秩序的言论的；

（九）泄露国家秘密的。

律师因故意犯罪受到刑事处罚的，由省、自治区、直辖市人民政府司法行政部门吊销其律师执业证书。

行政部门给予警告、停业整顿、罚款、吊销执业证书等处罚。[①]

## （四）再次违规加重处罚

如果律师或者律师事务所在受到行政处罚的一定时期内又触犯法律，应该被处以行政处罚，那么在这种情形下，律师或者律师事务所会被加重处罚。[②]这一规定可以更好地约束律师和律师事务所，使其能够遵守《律师法》及律师执业规范，依法合规执业。

---

① 根据《律师法》第五十条规定，律师事务所有下列行为之一的，由设区的市级或者直辖市的区人民政府司法行政部门视其情节给予警告、停业整顿一个月以上六个月以下的处罚，可以处十万元以下的罚款；有违法所得的，没收违法所得；情节特别严重的，由省、自治区、直辖市人民政府司法行政部门吊销律师事务所执业证书：

（一）违反规定接受委托、收取费用的；

（二）违反法定程序办理变更名称、负责人、章程、合伙协议、住所、合伙人等重大事项的；

（三）从事法律服务以外的经营活动的；

（四）以诋毁其他律师事务所、律师或者支付介绍费等不正当手段承揽业务的；

（五）违反规定接受有利益冲突的案件的；

（六）拒绝履行法律援助义务的；

（七）向司法行政部门提供虚假材料或者有其他弄虚作假行为的；

（八）对本所律师疏于管理，造成严重后果的。

律师事务所因前款违法行为受到处罚的，对其负责人视情节轻重，给予警告或者处二万元以下的罚款。

② 《律师法》第五十一条规定，律师因违反本法规定，在受到警告处罚后一年内又发生应当给予警告处罚情形的，由设区的市级或者直辖市的区人民政府司法行政部门给予停止执业三个月以上一年以下的处罚；在受到停止执业处罚期满后二年内又发生应当给予停止执业处罚情形的，由省、自治区、直辖市人民政府司法行政部门吊销其律师执业证书。

律师事务所因违反本法规定，在受到停业整顿处罚期满后二年内又发生应当给予停业整顿处罚情形的，由省、自治区、直辖市人民政府司法行政部门吊销律师事务所执业证书。

## 三、对律师进行行政处罚的程序

律师、律师事务所有违法执业行为的,由司法行政部门予以处罚。为此,司法行政部门应设立投诉电话、投诉信箱,受理对律师、律师事务所的投诉;司法行政部门对律师、律师事务所进行处罚时,应以事实为根据,以法律为准绳,遵循公正、公开的原则。

司法行政部门对律师、律师事务所进行处罚,应当按照行政处罚法的有关规定进行。其中,对律师给予警告处罚和对律师事务所给予责令改正处罚的,可以适用简易程序,当场作出处罚决定。除对律师、律师事务所的违法行为当场作出处罚外,司法行政部门发现律师、律师事务所有依法应当给予处罚的行为,必须全面、客观、公正地进行调查,收集证据,查明事实。调查结束,由司法行政部门负责人对调查结果进行审查,决定是否给予处罚;对情节复杂或者重大违法行为给予较重的行政处罚的,司法行政部门的负责人应当集体讨论作出决定;对律师给予停止执业、吊销执业证书处罚或对律师事务所给予停业整顿、吊销执业证书处罚,律师或律师事务所要求听证的,司法行政部门应当组织听证,听证结束再由司法行政部门负责人个人或集体作出是否处罚的决定。

律师、律师事务所对司法行政部门给予的行政处罚享有陈述权和申辩权。对处罚决定不服的,可以自收到决定之日起 15 日内向上一级司法行政部门申请复议,对复议决定不服的,可以自收到复议决定之日起 15 日内向人民法院提起诉讼,也可以直接向人民法院提起诉讼;不申请行政复议或者提起行政诉讼,又不履行处罚决定的,作出处罚决定的司法行政部门可以申请人民法院强制执行。

## 第三节 律师的民事法律责任

### 一、律师的民事法律责任的概念和条件

律师的民事法律责任,是指律师在执业过程中,因违法执业或者因过错给当事人的合法权益造成损害而应承担的民事赔偿责任。

律师为当事人提供法律服务,办理有关法律事务,除了在刑事诉讼中接受人民法院指定担任辩护人外,主要是依靠当事人的委托或聘请。这种委托关系属于民法领域的代理关系。当事人授予律师一定范围的代理权并付给律师约定的报酬,律师则有义务根据法律规定和代理权限为当事人提供有效的法律服务,以维护当事人的合法权益。

《中华人民共和国民法典》(以下简称《民法典》)和《律师法》对律师的民事法律责任作出了规定。[①]律师的民事法律责任,其实质就是民事损害赔偿,因此适用民事损害赔偿的条件,具体包括:

1. 律师必须实施侵害当事人合法权益的行为。这种侵害行为,可以是作为,如与对方当事人恶意串通,泄露当事人的商业秘密或个人隐私,出卖当事人的利益等;也可以是不作为,也就是不履行法定义务或约定义务。

---

[①] 《民法典》第一百六十四条规定,代理人不履行或者不完全履行职责,造成被代理人损害的,应当承担民事责任。

《民法典》第一千一百六十五条规定,行为人因过错侵害他人民事权益造成损害的,应当承担侵权责任。

依照法律规定推定行为人有过错,其不能证明自己没有过错的,应当承担侵权责任。

《律师法》第五十四条规定,律师违法执业或者因过错给当事人造成损失的,由其所在的律师事务所承担赔偿责任。律师事务所赔偿后,可以向有故意或者重大过失行为的律师追偿。

2. 律师在主观上存在过错。所谓主观上存在过错,是指律师实施损害行为是由于其主观上的故意或过失。如果律师在主观上没有过错,即使在工作中出现失误,给当事人造成经济损失,根据民法原理,也不应承担赔偿责任。

3. 律师的行为给当事人造成经济损失,而且律师的行为与当事人的经济损失之间存在因果联系。这是律师承担民事赔偿责任的重要条件。如果律师违法执业或者在工作中存在过错,但未给当事人造成任何经济上的损失,那么律师只应受到行政处罚或纪律处分,而不应承担赔偿责任。

4. 律师的行为必须具有违法性。如果律师的行为系正当执业,不违反法律规定,不违反律师职业规范,也不违反委托合同,亦不超越代理权限,即使当事人受到经济损失,也不能由律师承担赔偿责任。

5. 律师的损害行为必须发生在律师执业的过程中。如果律师给当事人的合法权益造成损害的行为不是发生在律师执业过程中的,则不是律师的执业过错行为,而是发生在律师执业行为以外的个人行为,由其个人承担包括赔偿损失在内的民事责任及其他责任,不属于律师赔偿责任,也不属于《律师法》第五十四条规定的范围。

## 二、律师承担民事法律责任的范围和原则

《律师法》第五十四条规定,律师违法执业或者因过错给当事人造成损失的,由其所在的律师事务所承担赔偿责任。律师事务所在对当事人进行赔偿后,可以向有故意或者重大过失行为的律师追偿。

据此,律师承担民事法律责任的范围有两个方面:一是律师事务所对所属律师在执业中损害了当事人的合法权益,所应承担的民事赔偿的限度;二是因违法执业或者过错造成当事人合法权益受到损害的律师,在所在的律师事务所向当事人履行了赔偿义务之后,应该向律师事务所承担的民事赔偿的限度。

根据我国民法通则的有关规定,律师承担民事法律责任的原则主要有以下

三个方面：

1. 律师的民事法律责任主要是补偿性的，其方式以财产性经济补偿为主，非财产性的补偿措施（如停止侵害、排除妨碍、赔礼道歉等）为辅；

2. 由于律师承担的民事赔偿责任是补偿性的，所以一般以损失填补和恢复原状为原则，经济赔偿的数额一般只能等于而不能高于受害人所受的实际损失；

3. 律师事务所承担的民事赔偿责任除法律有明确规定的以外，一般允许当事人自由处分，也可以由双方自行协商，国家一般不作干预。

如果律师事务所在承担民事赔偿责任之后，认为需要向有故意或重大过失的律师追偿，该律师的赔偿责任一般以律师事务所对当事人承担的赔偿数额为限。

## 第四节　律师的刑事法律责任

### 一、律师的刑事法律责任的概念和主体

所谓刑事法律责任，是指行为人实施刑事法律禁止的行为所必须承担的法律后果。刑事责任是刑罚的前提，是法律责任中最严厉的一种。有的国家在关于律师的职业规范和执业纪律中规定了律师的刑事责任，或者在对律师的违法行为的惩戒中包含刑事处罚的内容。例如，在英国，法律规定律师如有蔑视法庭或者违抗法庭命令的行为，将受到监禁的处罚。又如，在欧洲某些国家，律师保守职务秘密是强制性的责任，如果律师故意或过失泄露职务秘密，要被处以罚金甚至剥夺自由的刑事制裁。①

---

① 周章金：《律师执业的刑事法律责任及其豁免》，《网友世界》2012年第13期。

关于律师的刑事责任，要注意律师的违法行为是否能够直接反映律师职业行为的不适当性，区分是律师个人犯罪还是律师职务犯罪。从个人角度来看，律师对其自身的与执业活动不相关的犯罪行为承担刑事责任，属于一般主体刑事责任，与律师执业是否适当无关；从职业角度来看，如果律师在执行职务过程中，利用职务之便实施犯罪行为，如向法官、检察官、仲裁员以及其他有关工作人员行贿或者指使、诱导当事人行贿，提供虚假证据或者威胁、引诱他人提供虚假证据等，说明律师执业不当，构成职务犯罪，则属于律师的刑事责任。

律师因故意犯罪受到刑事处罚的，由省、自治区、直辖市人民政府司法行政部门吊销其律师执业证书。关于律师刑事责任的主体，不单单指执业律师，还应当包括律师事务所。在我国，在实行改革开放、建立市场经济的背景下，单位犯罪已成为犯罪的一个重要分支。为适应打击严重经济犯罪的需要，随着刑事法律法规的增补和完善，国家已明确规定单位为刑事责任的主体。律师事务所是独立自主、自负盈亏、能够独立承担法律责任的法人组织，在执业活动中，以律师事务所名义或者律师事务所成员共同实施违法行为，情节严重构成犯罪的，或者因严重失职给国家、社会和公众造成重大损失的，除追究直接责任者的刑事责任外，还应当追究律师事务所的刑事责任。

## 二、律师的刑事法律责任的种类

律师在执业中可能构成的犯罪主要有以下几种：

### （一）泄露国家秘密罪

《刑法》第三百九十八条规定，国家机关工作人员违反保守国家秘密法的规定，故意或者过失泄露国家秘密，情节严重的，处三年以下有期徒刑或者拘役；情节特别严重的，处三年以上七年以下有期徒刑。

非国家机关工作人员犯前款罪的，依照前款的规定酌情处罚。

## (二) 行贿罪

包括以下两种情况：

一是个人行贿罪。《刑法》第三百八十九条规定，为谋取不正当利益，给予国家工作人员以财物的，是行贿罪。第三百九十条规定，对犯行贿罪的，处五年以下有期徒刑或者拘役，并处罚金；因行贿谋取不正当利益，情节严重的，或者使国家利益遭受重大损失的，处五年以上十年以下有期徒刑，并处罚金；情节特别严重的，或者使国家利益遭受特别重大损失的，处十年以上有期徒刑或者无期徒刑，并处罚金或者没收财产。

行贿人在被追诉前主动交代行贿行为的，可以从轻或者减轻处罚。其中，犯罪较轻的，对侦破重大案件起关键作用的，或者有重大立功表现的，可以减轻或者免除处罚。

二是单位行贿罪。《刑法》第三百九十三条规定，单位为谋取不正当利益而行贿，或者违反国家规定，给予国家工作人员以回扣、手续费，情节严重的，对单位判处罚金，并对其直接负责的主管人员和其他直接责任人员，处五年以下有期徒刑或者拘役，并处罚金。因行贿取得的违法所得归个人所有的，依照本法第三百八十九条、第三百九十条的规定定罪处罚。①

## (三) 介绍贿赂罪

《刑法》第三百九十二条规定，向国家工作人员介绍贿赂，情节严重的，处三年以下有期徒刑或者拘役，并处罚金；介绍贿赂人在被追诉前主动交代介绍贿赂行为的，可以减轻处罚或者免除处罚。

---

① 河南省安阳市某房地产开发有限责任公司在某借贷纠纷案件的审理及执行中，为在法院采取诉讼保全、尽快执行案件等事项上牟取不正当利益，由该公司法定代表人及法律顾问河南某律师事务所律师刘某某向安阳市中级人民法院执行局原副局长行贿，共计人民币206万元。经河南省安阳市人民法院审理认定，刘某某的行为构成单位行贿罪，判处有期徒刑二年。

## （四）毁灭、伪造证据罪

《刑法》第三百零六条规定，在刑事诉讼中，辩护人、诉讼代理人毁灭、伪造证据，帮助当事人毁灭、伪造证据，威胁、引诱证人违背事实改变证言或者作伪证的，处三年以下有期徒刑或者拘役；情节严重的，处三年以上七年以下有期徒刑。辩护人、诉讼代理人提供、出示、引用的证人证言或者其他证据失实，不是有意伪造的，不属于伪造证据。

## （五）故意或过失提供虚假证明文件罪

包括以下两种情况：

一是个人故意或过失提供虚假证明文件罪。依照《刑法》第二百二十九条的规定，承担资产评估、验资、验证、会计、审计、法律服务、保荐、安全评价、环境影响评价、环境监测等职责的中介组织的人员故意提供虚假证明文件，情节严重的，处五年以下有期徒刑或者拘役，并处罚金；有下列情形之一的，处五年以上十年以下有期徒刑，并处罚金：（一）提供与证券发行相关的虚假的资产评估、会计、审计、法律服务、保荐等证明文件，情节特别严重的；（二）提供与重大资产交易相关的虚假的资产评估、会计、审计等证明文件，情节特别严重的；（三）在涉及公共安全的重大工程、项目中提供虚假的安全评价、环境影响评价等证明文件，致使公共财产、国家和人民利益遭受特别重大损失的。有前款行为，同时索取他人财物或者非法收受他人财物构成犯罪的，依照处罚较重的规定定罪处罚。第一款规定的人员，严重不负责任，出具的证明文件有重大失实，造成严重后果的，处三年以下有期徒刑或者拘役，并处或者单处罚金。

二是单位故意或过失提供虚假证明文件罪。依照《刑法》相关规定，单位犯故意或过失提供虚假证明文件罪的，对单位判处罚金，并对其直接负责的主管人员和其他直接责任人员进行处罚。

## 三、刑事辩护人违反《刑事诉讼法》规定的法律责任

《刑事诉讼法》第四十四条规定，辩护人或者其他任何人，不得帮助犯罪嫌疑人、被告人隐匿、毁灭、伪造证据或者串供，不得威胁、引诱证人作伪证以及进行其他干扰司法机关诉讼活动的行为。

违反前款规定的，应当依法追究法律责任，辩护人涉嫌犯罪的，应当由办理辩护人所承办案件的侦查机关以外的侦查机关办理。辩护人是律师的，应当及时通知其所在的律师事务所或者所属的律师协会。

要理解这一规定，需要注意以下几方面内容：

1. 干扰司法机关诉讼活动的行为界定：一是帮助犯罪嫌疑人、被告人隐匿、毁灭、伪造证据或者串供；二是威胁、引诱证人作伪证；三是其他干扰司法机关诉讼的活动。

2. 这里的法律责任包括：行政责任、刑事责任。

3. 追究辩护人伪证罪的特别程序包括：案件管辖应当由办理辩护人所承办案件的侦查机关以外的侦查机关办理；追诉通知义务，应当及时通知其所在的律师事务所或所在的律师协会。

# 第九章　律师接待当事人的注意事项

## 第一节　律师接待当事人的要点

在民事案件中,当事人需要通过咨询律师来获得法律服务,或者依靠律师提供诉讼代理服务来解决纠纷。在刑事案件中,当事人往往是因为亲人可能要受到国家司法机关制裁或受到犯罪行为的侵害需要索取赔偿而找到刑事辩护律师,当事人通过与律师的接触来获取有关的刑事法律知识,获得心理安慰,同时决定是否聘请律师作为辩护人。无论是民事案件,还是刑事案件,律师都需要接待当事人,并通过与当事人进行沟通来开拓案源。律师接待当事人时需要注意以下内容:

### 一、建立信任

接待律师与当事人接触时会互相了解对方的个人信息。接待律师除要了解当事人的个人情况之外,还要了解当事人对所要解决的民事、刑事法律问题的看法和认识,向当事人解释有关法律知识,告知当事人民事代理律师、刑事辩护律师在解决当事人的法律问题的过程中所起的作用等。

接待律师与当事人之间的沟通非常重要,如果当事人认为接待律师是一个很好交流的律师，那就成功了一半。在接待律师获得当事人的信任后，当事人会同意聘请接待律师并与之建立委托关系、支付律师费用。

## 二、了解目的

社会分工把律师分为为法律行业服务的专业人员。律师具有丰富的法律知识和法律实践经验，律师能够为社会提供很好的法律服务。当事人缺乏法律知识，正是由于这一点，当事人才来寻找律师"指点迷津"。

接待律师要通过会见来了解当事人的需求以及目的：

第一，当事人来律师事务所是来进行咨询，还是来聘请律师的；

第二，他们要咨询哪些民事、刑事法律问题，了解哪些法律知识；

第三，如果他们咨询法律案件，是否需要代理起诉或仲裁，是否需要代为书写法律文书？如果他们聘请律师为亲人辩护，是否要求作无罪辩护或者停止强制措施等。

接待律师只有了解当事人寻找律师的目的，才能有的放矢地回答当事人的问题，满足当事人的需求。[1]

## 三、了解案件

民事案件的当事人不一定具备相关的法律知识，有的甚至会对法律事实、法律关系、法律调整内容有所混淆。律师接待当事人时，应该以引导的方式帮助当事人梳理案情，并在与当事人沟通的过程中，厘清案件的主要矛盾和焦点、查明已有的相关证据。律师应在法律规定的范围内回答当事人的询问。

刑事案件的特殊之处，就是犯罪嫌疑人、被告人一般都被关押在看守所，

---

[1] 薛洲：《浅析刑辩律师如何接待当事人》，《法制博览》2016年第15期。

到律师事务所来的一般都是犯罪嫌疑人、被告人的近亲属。由于他们不是犯罪行为的实施人，对案件的情况并不是十分清楚，而接待律师要想通过来访的当事人的近亲属知道整个案件的事实是有困难的，因此，接待律师要鼓励他们把知道的情况如实地告诉律师，哪怕是道听途说的也可以。这样，接待律师就可以从中得到案件的初步印象，了解案情，确定案件的案由，从而有针对性地回答他们的法律咨询。[1]

## 四、减轻压力

当一个人生病到医院看病时，医生的观察、与病人的交谈、开出的药方除了要在生理上解决病人的病痛之外，还要解决病人的心理问题。律师的接待犹如医生治病，当事人或当事人的近亲属来寻找接待律师的帮助是因为自己的权利遭到侵犯，或者自己的亲人、朋友即将受到国家司法机关严厉的刑事处罚，心存痛苦、焦虑甚至愤怒等情绪，他们最希望得到律师的安慰、理解，获得律师的同情。在与接待律师交谈，得知有关的法律知识和怎样解决问题后，他们内心的焦虑会得到缓解。这时当事人或当事人的近亲属一般都会正确对待自己遇到的法律问题，正确对待亲人、朋友犯罪的问题，并有意向聘请律师成为案件的代理人或辩护人。所以，在接待当事人或当事人的近亲属的过程中，律师通过与他们交谈，应适当宣传民事或刑事法律知识，并提供一些解决问题的具体建议，从而减轻他们的压力，促成他们与自己签订委托律师合同。[2]

---

[1] 高明：《刑事诉讼律师实务》，法律出版社，2014。
[2] 秦小芬：《分析律师如何接待当事人》，《法制博览》2017年第24期。

## 五、认真接待

### （一）事先准备

案件不会从天而降，其一般来源是熟人或老客户的介绍。当事人一般会预约律师，准备前往律师事务所沟通案情。在预约时，律师或许已经得知当事人在哪个方面需要法律服务。为了更好地为当事人服务，在正式接待当事人之前，接待律师最好先查阅一下相关的法律，以便接待当事人时可以比较熟练地讲解相关的法律，让当事人了解自己的专业度，使其产生较强烈的信任感。

### （二）迎接当事人

律师接待当事人的第一步是从办公地点、衣着打扮开始的，给当事人的第一印象非常重要，这可以决定当事人是否信任律师。

律师一般应在律师事务所的接待室内接待当事人，也可以在自己的办公室内接待。接待地点应当干净、整洁，除有关法律书籍外，不要把其他当事人的资料放在办公桌上。律师的办公室应当体现出职业特点，切忌在办公室内杂陈物品，乱糟糟的办公室会给当事人一个信息：此律师做事不规范、不严谨。这会使当事人对此律师的能力产生怀疑，尽管此种怀疑并不一定正确。

当事人到达律师事务所后，最好是由接待律师本人亲自迎接。接待律师应当注意接待礼节：接待律师应当面带微笑迎向当事人，目视对方热情握手，先作自我介绍，向当事人分发名片，向当事人索要名片。然后请当事人坐下，送上茶水。

### （三）与当事人会谈

#### 1. 开场

当事人可能对律师比较陌生，会产生拘束感。为了缓解当事人会见律师时的拘束感，律师可先与当事人"闲谈"，如今天天气怎样、当事人在哪里工作、什么学校毕业、今天是如何来律师事务所的等内容，待当事人情绪缓和下来后，再转入有关法律问题的交谈。①

2. 了解情况

首先，在律师和当事人双方坐下后，律师应先让当事人自己讲述情况，如自己的身份、案件的具体情况等。律师应当采用开放式的陈述与当事人会谈，要求当事人把自己知道的情况全部告诉律师。其次，律师可回顾当事人所讲的情况，针对感到模糊的部分提出问题，让当事人来补充、澄清模糊的问题。最后，律师再综合回顾当事人陈述的情况，让当事人纠正自己理解错误的地方，补充正确的内容，从而使接待律师初步了解与案件有关的情况。

3. 目标确认

接待律师要确认当事人来律师事务所要达到的目的，也就是了解当事人要解决的问题及所期望达到的确切目标。当事人来找律师的目的可能有很多，如找律师进行倾诉、排除心中的忧愁；找律师咨询法律问题，从律师这里获得有关的法律知识；找律师委托代理案件等。但是，当事人的目标可能会在与律师交谈过程中发生改变，因此律师要反复确认当事人的目标，帮助当事人理清思路，寻找最好的解决纠纷的办法。

4. 告知收费

从传统礼仪来讲，中国人往往忌讳在一见面时就谈钱，而律师与当事人一接触就谈钱，非常有可能给当事人的感觉是：此律师只认钱，不关心案件或者缺乏案件急于收案。这会造成两个后果：一是被当事人断然拒绝；二是被当事人杀价。因此，接待律师在与当事人谈完案情以后，如果当事人不谈律师费，律师就不要主动谈及此事。但是如果当事人谈及此事，律师就应该如实告知当事人律师费的收取问题。如果律师与当事人在会谈中形成了委托意向，但没有就律师收费问题进行协商，没有明确收费标准以及方式，那么在以后的委托工作

---

① 张勇、远见：《提升律师执业技能的164个细节》，法律出版社，2011。

中，很容易产生矛盾，所以律师需要特别向当事人明示律师收费的标准和方式。

目前，国内案件的收费方式主要分为计时收费和计件收费。计时收费，即以律师提供法律服务所花费的时间作为计算单位；计件收费，即按律师提供法律服务的阶段为计算单位，按件固定收费。

支付方式可分为提前支付和分阶段支付。提前支付，即在律师提供法律服务前预收律师费或当事人先行支付一定数额的定金（预付款），在法律服务提供完毕后再缴纳余款。分阶段支付，是指根据案件处理的进展分阶段支付，或终了支付，即等法律服务提供完毕（案件处理完毕）后一并支付律师费。按我国国情，律师应当采用事先谈好价格、一次性收费的方式，以免出现案件达不到当事人的要求，当事人拒付律师费的尴尬情况。

5. 结束会见

经历了与当事人会见、了解了案情、得知当事人的要求及告知了律师收费的标准和方式的过程，接待当事人的流程基本就结束了。如果当事人委托律师代理案件，律师应当与当事人签署相应的法律文件；如果当事人向律师咨询法律问题，律师就应该向其做出相应的解答；如果当事人没有其他意向，接待律师应当表示今天的会见结束了。

在整个接待当事人的流程结束后，律师应当起身与当事人握手，最好由律师亲自送其出律所并挥手告别。不管当事人是否委托律师办理案件，律师事务所和律师都应当对其以礼相待。[1]

## （四）注意事项

### 1. 不要随意打断当事人的陈述

在向当事人了解情况的开放式陈述阶段，律师不要随意打断当事人的陈述。因为当事人来寻求律师帮助，往往处于焦虑、无助的状态中，如果律师一直打

---

[1] 朱加宁、徐鹏：《律师事务技能十字诀：律师各项业务的特点和操作要领》，法律出版社，2013。

断当事人的陈述，会给当事人带来极大的心理压力，反而不利于案件的解决。

律师良好的倾听能力与良好的交谈能力同样重要，是律师办案能力的重要部分。律师应当给予当事人充足的时间来陈述案情，应当允许当事人用自己的语言表达方式来谈话，因为语言是一种习惯，改变表达方式往往会让当事人无法陈述清楚案情。让当事人用自己习惯的讲话方式来陈述的好处在于，当事人会与律师建立起令当事人感到舒服并容易信赖的关系。律师如果自以为是，屡屡打断当事人的陈述，会使当事人反感。

2. 认真倾听当事人讲话

为了建立律师与当事人之间相互信赖的良好关系，在会谈过程中，接待律师应当充分表达对当事人处境的理解和对案情的高度兴趣。同时，律师应当尽量避免表达自己对案情的评价性理解，以建立起与当事人之间的信任，从而让其更多地进行倾诉。如果律师在展示自己专业能力的同时展示出人情味，就会得到当事人的认同，这样对拓展业务也是极其有益的。

律师应积极地倾听当事人的讲话并对当事人表示理解、同情。律师在倾听当事人的陈述时应当与其进行目光交流，并经常鼓励当事人继续陈述，以此让当事人感到律师对其陈述的内容很感兴趣。鼓励的方式主要有两种：一种是简单的提问，如"你刚才讲的是……然后呢？"；另一种是用肢体语言来表示对当事人的关注与尊重，如点头，同时配合简单的语言，如"我明白、我理解你讲的意思"。

## 第二节 律师接待当事人五"不准"

在律师接待当事人的过程中，当事人为了自己的利益，可能会要求律师做一些不符合法律的事。律师如果头脑中没有警惕的底线，可能会迎合当事人的不正当要求，做出一些不应该做的事，这会导致一系列法律风险的产生。因此，律师在接待当事人时要注意以下内容：

# 一、律师私自收费

根据国家法律法规的有关规定，律师事务所接受委托，应当与委托人签订律师服务收费合同，并在合同中载明收费条款。律师事务所向委托人收取律师服务费，应当向委托人出具合法票据。此外，《律师法》《律师服务收费管理办法》等明文规定禁止律师私自收费。

律师私自收费必然带来以下后果：

## （一）影响律师事务所和律师的声誉

美国著名经济学家托斯丹·邦德·凡勃伦认为，诚信是企业的无形资产，是企业的增值力，即滚动发展的能力。在市场经济的大潮中，律师事务所和律师就是以诚信来吸引客户的。当一个律师私自收费时，当事人心里已经对这家律师事务所或者律师的专业性产生了怀疑，律师的声誉已经受到了影响。长此以往，这个律师事务所或者律师，就会失去无形资产，失去客户群体，就有可能被市场淘汰。

## （二）被当事人投诉、被处罚

根据《律师法》第四十八条规定，律师私自收费的，由设区的市级或者直辖市的区人民政府司法行政部门给予警告，可以处一万元以下的罚款；有违法所得的，没收违法所得；情节严重的，给予停止执业三个月以上六个月以下的处罚。

## 二、贬损同行

目前，随着国家法制事业的进步，有许多人进入了律师行业，竞争和生存的压力增大。有的律师为了自己能够接到案件，不惜通过贬损同行来招揽案件，这种行为会给律师的职业生涯带来非常不好的影响。

律师与律师之间是同行，更应该成为战友，应该互相尊重。贬低律师同行首先是律师本人人品低下的表现，其次是律师职业道德低下的表现，最后会损毁律师自己辛辛苦苦建立起来的良好口碑，"搬起石头砸自己的脚"。贬低同行是损人不利己的行为，对律师今后的口碑、业务都会产生不良影响。

正确的做法是适度赞扬其他律师的工作，向当事人了解其他律师的意见，或者索取一审律师的代理词、辩护词加以研究。在接受委托后，认真、仔细地阅读一审的卷宗，从认定事实、适用法律、采纳证据、量刑等方面加以思考，必要时还可以与其他律师或者一审律师进行沟通。

## 三、承诺结果

对当事人承诺结果是某些律师非常有用的获取案源的手段，但也是一种风险极高的行为。

有的当事人很有可能以高额的律师费来诱惑律师接受自己的委托，而律师由于种种原因会不计后果地"拍胸脯""打包票"，获得委托。这种做法无异于饮鸩止渴，是"木匠做枷，自作自受"。当案件达不到当事人所要求的结果时，当事人可能因此与律师产生纠纷。接待律师在第一次会见当事人时，可以就当事人的问题或咨询作出法律上的解释，但是切勿对当事人的具体案件的法律后果作出承诺。

律师就案件服务过程可以告知当事人以下三点：首先，律师本人有较强的业务能力来承接此案；其次，律师本人能够认真办理案件，努力争取达到好的结果；最后，律师不会承诺当事人案件结果（如一定会胜诉），如果承诺了，那就是不负责任的律师。

## 四、承诺公关

承诺对司法机关进行公关，也是非常有用的获取案源的手段，但却是一种对律师来说风险极高的错误行为。当事人怀着各种心态来到律师事务所寻找律师，委托律师为其辩护，可能会要求律师进行公关，只要能达到目的，他们会出高价聘请律师。这里所谓的"公关"，就是对司法人员行贿。此时，接待律师如果"拍胸脯""打包票"应承，进行所谓的"公关"，往往就走在了违法违规的边缘，在当事人面前承诺公关，多半会给自己和律师事务所带来严重的麻烦。

正确的做法是律师不要承诺公关，明明白白、堂堂正正地办理案件，用自己的真才实学来说服司法人员，从而达到辩护的效果。

## 五、压价竞争

律师的服务也有商品的特点，优秀的律师与普通的律师标价是不一样的，在与当事人谈律师费时，必须把一口价报出来，即使此时当事人可能认为律师的报价太高，律师也应当坚持自己的价格，大不了放弃这个案件。如果律师通过压价来获得案源，在当事人看来，首先，这是一种自我贬低的不明智行为；其次，这也给了当事人一种"律师服务费"可以谈价钱的感觉，使当事人不重视律师的劳动付出，甚至会因为律师费的问题与律师起争执。

总之，在律师接待当事人这方面，永远有研究不完的学问。律师在与当事人打交道的时候，最应做的就是把握分寸，懂得放弃。不是任何案件都可以代理，也不是任何当事人都可以成为客户。律师在接待当事人时也要心存警惕，避免出现律师诚信服务，却被当事人侵权的情况。

# 第十章 刑事诉讼中的律师辩护

## 第一节 刑事辩护的概述

### 一、辩护与辩护权

辩护,是指在刑事诉讼中,犯罪嫌疑人、被告人及其辩护人根据事实和法律反驳指控的一项诉讼活动。

辩护与指控是相对立的,辩护针对指控而提出,并与指控相对立。

辩护与指控是相联系的,有指控的存在,才有辩护。没有指控,就不存在辩护。

辩护权是指刑事诉讼中的犯罪嫌疑人、被告人,针对指控、起诉,进行辩解、反驳,以维护其合法权益的权利。我国《宪法》第一百三十条规定:"被告人有权获得辩护。"我国《刑事诉讼法》同样对辩护权进行了明确规定。①

## 二、辩护律师制度

辩护律师制度,是指在刑事诉讼中,律师根据犯罪嫌疑人、被告人的委托或者有关机关的指定,针对控诉方的有罪指控,以辩护人的身份从事实和法律两个方面,发表有关犯罪嫌疑人、被告人无罪、罪轻或者从轻、减轻、免除刑事处罚的意见,从而维护犯罪嫌疑人、被告人的合法权益的法律制度。

这一制度可以使律师帮助犯罪嫌疑人、被告人行使辩护权,而辩护律师需要从以下几个方面入手帮助犯罪嫌疑人、被告人:

1. 了解以下涉嫌罪名和有关案件情况

(1)犯罪嫌疑人的自然情况;

(2)是否参与以及怎样参与所涉嫌的案件;

(3)如果承认有罪,陈述涉及定罪量刑的主要事实和情节;

(4)如果认为无罪,陈述无罪的辩解;

---

① 《刑事诉讼法》第十一条规定,被告人有权获得辩护,人民法院有义务保证被告人获得辩护。

第三十三条规定,犯罪嫌疑人、被告人除自己行使辩护权以外,还可以委托一至二人作为辩护人。

第三十四条第一款规定,犯罪嫌疑人自被侦查机关第一次讯问或者采取强制措施之日起,有权委托辩护人;在侦查期间,只能委托律师作为辩护人。被告人有权随时委托辩护人。

第三十五条规定,犯罪嫌疑人、被告人因经济困难或者其他原因没有委托辩护人的,本人及其近亲属可以向法律援助机构提出申请。对符合法律援助条件的,法律援助机构应当指派律师为其提供辩护。

犯罪嫌疑人、被告人是盲、聋、哑人,或者是尚未完全丧失辨认或者控制自己行为能力的精神病人,没有委托辩护人的,人民法院、人民检察院和公安机关应当通知法律援助机构指派律师为其提供辩护。

犯罪嫌疑人、被告人可能被判处无期徒刑、死刑,没有委托辩护人的,人民法院、人民检察院和公安机关应当通知法律援助机构指派律师为其提供辩护。

（5）被采取强制措施的法律手续是否完备，程序是否合法；

（6）被采取强制措施后其人身权利及诉讼权利是否受到侵犯；

（7）其他需要了解的情况。

2. 提供以下法律咨询

（1）有关强制措施的条件、期限、适用程序的法律规定；

（2）有关侦查人员、检察人员及审判人员回避的法律规定；

（3）犯罪嫌疑人对侦查人员的提问有如实回答的义务，对与本案无关的问题有拒绝回答的权利；

（4）犯罪嫌疑人有要求自行书写供述的权利，对侦查人员制作的讯问笔录有核对、补充、改正、附加说明的权利，以及在承认笔录没有错误后签名或盖章的义务；

（5）犯罪嫌疑人享有知晓侦查机关用作证据的鉴定结论的权利，以及可以申请补充鉴定或者重新鉴定的权利；

（6）犯罪嫌疑人享有辩护权；

（7）犯罪嫌疑人享有申诉权和控告权；

（8）《刑法》关于犯罪嫌疑人所涉嫌的罪名的有关规定；

（9）《刑法》关于自首、立功及其他相关规定；

（10）有关刑事案件侦查管辖的法律规定；

（11）其他相关法律问题。

3. 申请取保候审

申请取保候审一般有两种情形：

（1）律师主动为犯罪嫌疑人申请取保候审；

（2）在押的犯罪嫌疑人及其法定代理人、近亲属要求律师为犯罪嫌疑人申请取保候审。

4. 代理申诉、控告

律师代理申诉、控告一般有三种情形：

（1）根据向侦查机关了解的所涉罪名和向犯罪嫌疑人了解的案件情况，

认为确有根据证明没有实施所犯罪行的;

（2）认为侦查人员在办案过程中违反法律规定，侵犯犯罪嫌疑人的人身权利、诉讼权利或者其他合法权益的;

（3）认为侦查机关管辖不当的。

5. 协助或代书上诉状等法律文书

辩护律师可以协助被告人书写或者代书上诉状等法律文书。

## 三、辩护律师的地位

律师作为辩护人参与刑事诉讼，是基于犯罪嫌疑人、被告人的委托或法院指定，因而从根本上看，辩护律师是被动辅助犯罪嫌疑人、被告人执行辩护职能的，不成为诉讼主体，但辩护律师是具有独立诉讼地位的诉讼参与人。

# 第二节 律师对辩护的准备

## 一、会见被告人

《刑事诉讼法》第三十九条第一款规定，辩护律师可以同在押的犯罪嫌疑人、被告人会见和通信。其他辩护人经人民法院、人民检察院许可，也可以同在押的犯罪嫌疑人、被告人会见和通信。

因此，在案件进入一审审判阶段以及在开庭之前，律师会见被告人是必不可少的步骤。在此阶段会见被告人，律师工作的重点在于向被告人核实案件事实和证据材料，听取被告人对本案的辩解意见，与被告人就律师的辩护意见达成一致意见并且对被告人进行庭前培训，告知法庭审理案件程序、如何正确回答法庭的提问、如何正确行使自己的权利等。

### （一）会见被告人需要携带的法律文件

律师在一审审判阶段会见被告人，应当带好以下文件前往看守所：
（1）授权委托书；
（2）律师会见在押犯罪嫌疑人、被告人专用介绍信；
（3）起诉书副本；
（4）承办律师的律师执业证书。

### （二）正式会见

刑事诉讼中，律师会见被告人涉及实体和程序两方面内容。在程序方面，律师会见被告人，应该持律师执业证书、律师事务所证明、委托书或法律援助公函，并在看守所的安排下进行会见。如果是危害国家安全犯罪、恐怖活动犯罪案件，律师要会见被告人，应当征得侦查机关的同意。[①]在实体方面会见的内容如下：

---

① 《刑事诉讼法》第三十九条第二款、第三款、第四款、第五款规定，辩护律师持律师执业证书、律师事务所证明和委托书或者法律援助公函，要求会见在押的犯罪嫌疑人、被告人的，看守所应当及时安排会见，至迟不得超过四十八小时。

危害国家安全犯罪、恐怖活动犯罪案件，在侦查期间辩护律师会见在押的犯罪嫌疑人，应当经侦查机关许可。上述案件，侦查机关应当事先通知看守所。

辩护律师会见在押的犯罪嫌疑人、被告人，可以了解案件有关情况，提供法律咨询等；自案件移送审查起诉之日起，可以向犯罪嫌疑人、被告人核实有关证据。辩护律师会见犯罪嫌疑人、被告人时不被监听。

辩护律师同被监视居住的犯罪嫌疑人、被告人会见、通信，适用第一款、第三款、第四款的规定。

### 1. 出示起诉书，征求被告人对起诉书的意见

律师按照《刑事诉讼法》的规定履行了相应的程序，在正式会见被告人时，应当出示起诉书，征询被告人的意见并加以记录。

### 2. 向被告人核实有关证据

根据《刑事诉讼法》第三十九条第四款的规定，自案件移送审查起诉之日起，律师可以向犯罪嫌疑人、被告人核实有关证据。

### 3. 进行法庭审理前的培训

大部分刑事案件的被告人都是第一次被国家追究刑事责任，本身对自己的处境忧心忡忡。从看守所一下子进入法庭，面对陌生的法官、公诉人、法警，被告人肯定会产生紧张、恐惧情绪，大脑思维能力会大大下降，自身的辩护能力会受到很大影响。律师对被告人进行庭前法庭审理知识的培训，可以使其事先了解法庭的大概情况，降低被告人的紧张程度，以便更好地行使自己的辩护权利。①庭前培训内容主要如下：

（1）告诉被告人法庭审理程序。法庭审理程序分为法庭调查和法庭辩论两大部分。

（2）告诉被告人听清审判人员、公诉人员、辩护人等的提问并予以正确回答。对公诉人出示的证据进行质证，提出质证意见。

（3）告诉被告人在法庭上有申请合议庭组成人员、书记员、公诉人回避，提出证据，申请新的证人到庭，调取新的证据，重新鉴定或者勘验、检查，可以自行辩护，以及法庭辩论终结后最后陈述的权利。

（4）告诉被告人要如实进行陈述，也可以适当向法官陈述自己存在的困难。

---

① 李世清：《实习律师执业基本技能》，中国政法大学出版社，2015。

## 二、制作会见被告人笔录

### （一）会见被告人笔录的重要性

会见被告人笔录是律师在一审审判阶段的重要法律文书。会见被告人笔录应当体现律师对被告人进行法律咨询、核实证据、交流辩护意见、庭前培训等内容。

### （二）会见被告人笔录的内容

1. 首部

标题、会见时间、地点、被告人身份事项、承办律师。

2. 主文

（1）向被告人介绍律师的身份、委托人身份并征询其意见；

（2）向被告人了解身份、案件和被羁押后的情况；

（3）向被告人提供法律咨询；

（4）向被告人核实有关案件证据材料；

（5）进行法庭审理前的培训；

（6）其他应当询问的内容。

## 三、确定辩护思路

在法庭审理案件之前，律师经过阅读分析卷宗、会见被告人、调查取证后，为了全面完成辩护任务，做好出庭的辩护准备，应当根据案件的事实，针对公诉机关的指控确定好自己的辩护观点。

刑事辩护的思路按照积累的实践经验分为实性体辩护和程序性辩护。

## （一）实体性辩护

实体性辩护是指刑事诉讼中的被告人、辩护人针对控方的犯罪指控，根据事实和法律，提出、论证被告人无罪、罪轻或者应当减轻、免除刑事责任的材料和意见的一种辩护方法。其目的是维护被告人的合法权益，避免被告人被错误定罪或承受不应有的刑事处罚。[①] 实体性辩护可分为事实辩护、证据辩护、定性辩护、法律适用辩护和量刑辩护。

### 1. 事实辩护

事实辩护是辩护人反驳公诉机关对被告人犯罪事实的认定，提出控方没有证据证明被告人实施了犯罪行为，或者指控犯罪事实罪数不正确。罪数通常分为有罪和无罪、数罪和一罪。

【案例1】

黄某某系某社区项目的总承包商，公诉机关指控其在桩基施工的过程中，授意同案被告人不如实记录施工相关数据，虚增桩长和土层厚度数据，致使签证单上反映的工程量大幅度虚增。公诉机关认为黄某某等人以非法占有为目的，在履行合同过程中，骗取对方当事人财物，数额特别巨大，构成合同诈骗罪。法院于2019年10月16日判决黄某某等人无罪。检察院随即提起抗诉，二审法院于2020年3月20日驳回抗诉，维持原判。

辩点分析：辩护律师认为，黄某某涉嫌"合同诈骗罪"案件，实为一起经济纠纷案件，由于公安机关强势介入、直接插手民事破产案件而引发刑事案件，从一审到二审，辩护律师都坚持做无罪辩护。在辩护律师的努力下，该案被告人最终被判无罪。

### 2. 证据辩护

证据辩护是律师针对公诉机关提出的证据进行反驳，指出控方提出的证据不足，从而否定、削弱其指控。证据辩护可分为两个方面：一是证据能力辩护（单个证据）；二是证据司法证明能力辩护（整个体系证据）。

---

① 张武举：《刑事诉讼业务办理规范与技能》，法律出版社，2013。

(1) 证据能力辩护

证据能力是指一个证据能够充当定案根据的法律资格。证据有了证据资格还必须有证明力，证明力是指一个证据能够证明案件事实的能力，又被称为证据价值或证明作用。证据能力和证明力体现在证据的"三性"上，即证据具有真实性、关联性和合法性，三者的关系体现了证据的形式和内容的统一。

律师首先必须考虑控方指控的证据是否符合证据的"三性"要求，然后考虑证据能否证明案件事实。如果控方提出的证据在证据能力方面或证明力方面出现问题，就表明出现了证据不能证明其诉讼主张的情况，律师应当将此作为辩护观点，加以提出。

【案例2】

1999年2月5日，云南省昆明市公安局戒毒所民警杜某某因故意杀人罪被昆明市中级人民法院一审判处死刑，剥夺政治权利终身。1999年10月20日，杜某某被云南省高级人民法院以故意杀人罪终审判处死刑，缓期两年执行，剥夺政治权利终身。2000年7月6日，杜某某又被云南省高级人民法院再审改判无罪，当庭释放。同年7月11日，昆明市公安局以昆公监发〔2000〕12号文件恢复杜某某于2000年3月7日被开除的公职，同时杜某某的党籍及工资福利待遇也得到恢复。

辩点分析：杜某某的辩护律师在案件中采用了证据辩护法，最重要的是，辩护律师提出，指控被告人杜某某犯有故意杀人罪的取证程序严重违法。辩护律师认为，杜某某在侦查阶段受到刑讯逼供是真实存在的，并且认为该案取证程序违法，现有的证据不能作为定罪量刑的依据。事实证明，该案的辩护思路是正确的。

(2) 司法证明能力辩护

司法证明能力是指刑事案件整个系列证据对于案件事实的证明作用和证明作用的大小。法律规定对定罪要做到"事实清楚，证据确实、充分"，而所谓"证据确实、充分"，应当符合以下条件：定罪量刑的事实都有证据证明；据以定案的证据均经法定程序查证属实；综合全案证据，对所认定事实，已排除合理怀疑。

律师要严格掌握以上要求，在审查证据的司法证明能力过程中，如果控方出示的证据有以下情况，律师应当提出辩护意见：

① 未形成证据链的证据

控方为了证明犯罪事实成立，必须提供一系列的证据来证明其诉讼主张。证据既要有直接证据，也要有间接证据，有物证和书证，有证人证言等系列证据形式。

律师应当考虑两点：第一，采用直接证据证明案件事实时还应当有间接证据予以相互印证，保证整个案件的证据形成证据链以锁定犯罪嫌疑人。第二，没有直接证据而全部采用间接证据的，必须符合间接定案的规则。间接定案的规则如下：

a. 证据已经被查证属实；

b. 证据之间互相印证，不存在无法排除的矛盾和无法解释的疑问；

c. 全案证据已经形成完整的证明体系；

d. 根据证据认定案件事实足以排除合理怀疑，结论具有唯一性；

e. 运用证据进行的推理符合逻辑和经验。

如果控方提出的系列间接证据不能符合以上要求，具体来说，如果在时间、地点、人物、事情、事物、原因和经过七个要素上，不能形成证据链牢牢地锁定被告人的话，则运用间接证据规则证明失败，不能证明被告人有罪。

② 自相矛盾的证据

在控方提出的证据体系中，不能出现互相矛盾的证据，否则即违反了形式逻辑中的不矛盾律。不矛盾律的内容是：两个互相矛盾或互相反对的思想不同时为真，必有一假。违反这一要求的逻辑错误，通常称为"自相矛盾"，这体现了思维主体的思想混乱。出现自相矛盾的证据，不能作为定罪的依据。

控方提出的证据体系中如果出现被告人承认自己有犯罪行为，但是案件其他证据又证明被告人没有犯罪行为的情况，这就是证据体系中的矛盾之处。律师可以从控方证据体系中有矛盾的地方提出辩护意见，指出证据体系不具有司法证明能力，不能证实控方的主张。

③ 骑墙居中的证据

所谓骑墙居中的证据，是指在控方提出的证据体系中出现了两种或两种以上结论的证据，这违反了形式逻辑中的排中律。排中律的内容是：两个互相矛盾或互相反对的思想不同时为假，其中必有一真。违反这一要求的逻辑错误就是"模棱两可"，通常称为"骑墙居中"，其表现在认识上为这边可能是真的，那边也可能是真的。出现结论骑墙的证据，也不能作为定罪的依据。

【案例3】

2012年7月25日21时许，宋某某与伍某某因琐事发生口角。次日4时30分，伍某某被发现死于一稻田缺口处。经鉴定，伍某某被钝器打击头部致颅脑损伤死亡，系他杀。

检方指控，宋某某与酒后的伍某某发生口角后，想起多年前伍某某曾偷过财物，故产生打其一顿的想法，于是拿了一根竹棒猛打伍某某的上半身。之后，宋某某发现倒地后的伍某某仍有气息，继而掐其颈部，用拳头猛打其胸口，用菜刀砍其头部，并将其放在数十米远的水田缺口处。内江市中级人民法院于2013年3月27日判决：宋某某犯故意杀人罪，判处死刑，缓期两年执行。

宣判后，宋某某在法定期限内没有上诉，内江市中级人民法院报送省高级人民法院核准。省高级人民法院撤销了内江市中级人民法院该判决的刑事部分，发回重审。

宋某某的辩护人在一审重审中提出：宋某某的口供前后矛盾，缺乏可靠性，不能作为定案依据；宋某某缺乏合理的作案动机，并且本案缺乏其他关键性证据，建议法庭以证据不足宣告宋某某无罪。

辩点分析：本案中，被告人宋某某的口供前后矛盾，并且缺乏其他关键性证据，仅以前后矛盾的口供作为定案依据，并不能认定被告人宋某某有罪。最终，在辩护律师的努力下，2014年7月11日，内江市中级人民法院另行组成合议庭对该案进行了审理，判决被告人宋某某无罪。

### 3. 定性辩护

定性就是控方将所查明的犯罪事实，按《刑法》确定属于哪种罪名，进一步适用哪条法律规定的步骤。定性能正确表明犯罪嫌疑人所犯的危害社会的行为与其所受到的处罚相适应，反之就是不相适应。

定性辩护是律师常用的辩护方法，可以从转"重罪"为"轻罪"的角度来进行辩护，又称"轻罪辩护"。辩护人否定控方对案件的定性，提出被告人的行为不构成控方认定的罪名，适用另一个比较轻的罪名的规定。

【案例4】

2017年7月3日，闫某某与前妻因孩子抚养费纠纷而发生口角，在被前妻现男友贺某辱骂后，闫某某将自制汽油瓶点燃投掷在案发现场宏月饭店门口，造成贺某轻伤二级、十级伤残的后果。2017年7月4日，闫某某因涉嫌以危险方法危害公共安全罪被新民市公安局刑事拘留，律师向检察院提出立案罪名不当。2017年7月14日，闫某某被检察院以故意伤害罪批准逮捕。2017年10月11日，检察院以放火罪对闫某某提起公诉。

辩护律师认为：本案被告不构成放火罪。闫某某主观上没有侵犯不特定多数人的生命健康和重大公私财产的故意，仅针对被害人一人。两只装有少量汽油（5厘米高度）的瓶子根本不具备太大的杀伤力，火势在较小范围内，并得到了有效控制，此时的放火行为不足以危害公共安全。

根据以上情节，闫某某虽然存在实施放火行为，但是从放火对象、地点、环境、后果等方面综合考虑，确实不足以危害公共安全，不存在危害公共安全的危险性，不构成放火罪。

辩点分析：本案是从"重罪"辩"轻罪"的典型案例。若以检察院起诉的放火罪名进行辩护，被告人量刑的刑期只能在三至十年之间；若以故意伤害罪量刑，则刑期在三年以下。因此，本案辩护律师通过事实说明，重新对本案进行定性，通过沟通及案件的客观事实和证据材料，确定变更罪名的辩护思路，最终，律师的辩护意见得到法院的支持。

### 4. 法律适用辩护

此种方法是指在公诉机关指控的事实成立的情况下，辩护人提出控方适用法律不当，应当适用对被告人有利的法律。第一种是指控事实成立，但根据有关法律规定此种行为不构成犯罪；第二种是因法律法规有变化，原来的法律规定应当追究刑事责任，而审判时不再构成犯罪；第三种是缺少法律规定的构成要件，不构成犯罪。

【案例5】

徐某某与林某某午饭后在街上闲逛，在武汉市汉口中山大道的某金店，两人见当时店内人员不多，便商量由徐某某到金店里以买金项链为名，试戴项链，然后趁店内工作人员不注意时逃跑，林某某负责在外望风。二人商量后，徐某某进入金店要求店员拿出两条项链试戴，其间，徐某某趁店员不注意，抓起项链就跑，店员呼喊并追赶，在店外十米处将徐某某踹倒并夺回了金项链。负责望风的林某某看到同伙被抓，立即上前营救，并随手抄起杂货店摊位上的铁铲威胁店员，然后二人匆忙逃跑。之后，二人被抓获并被刑拘。之后，公安机关以涉嫌抢劫罪提请检察院批捕。检察官也认为他们在抢夺过程中使用了暴力，应当由抢夺罪转为抢劫罪。

辩护人认为：林某某虽然用铁铲威胁店员，但是情节轻微，并没有伤害或殴打店员。况且，二人均是未成年人。根据《最高人民法院关于审理未成年人刑事案件具体应用法律若干问题的解释》第十条第二款，"已满十六周岁不满十八周岁的人犯盗窃、诈骗、抢夺罪，为窝藏赃物、抗拒抓捕或者毁灭罪证而当场使用暴力或者以暴力相威胁的，应当依照刑法第二百六十九条的规定定罪处罚；情节轻微的，可不以抢劫罪定罪处罚"，辩护人认为徐某某的行为应当被认定为抢夺罪而不是抢劫罪。

辩点分析：该案中徐某某与林某某属于未成年人，且本案情节轻微，没有人身伤害，辩护人认为按照《最高人民法院关于审理未成年人刑事案件具体应用法律若干问题的解释》的相关规定，定为抢夺罪较为合适。检察院采纳了律师的建议，以抢夺罪向法院提起了公诉。最后，法院判决认定徐某某构成抢夺罪，判处徐某某有期徒刑两年，缓刑三年。

### 5. 量刑辩护

量刑辩护是辩护律师针对犯罪事实清楚、证据确实充分、适用法律正确的案件，运用法律规定的减轻处罚情节和虽然没有法律规定但是根据具体情况能够考虑从轻处罚的情节，为被告人获得较轻处罚的辩护方法。主要分为法定从轻情节辩护、酌定从轻情节辩护和其他情节辩护。

（1）法定从轻情节辩护

被告人的行为虽然已经构成犯罪，可他还具有《刑法》明确规定的应当或者可以从轻（减轻和免除）处罚的情节，辩护律师应当在查阅卷宗时发现被告人的法定从轻情节，提出对被告人有利的法定从轻情节，以达到较好的辩护效果。法定从轻情节主要有以下内容：① 未成年人犯罪；② 聋哑人、盲人犯罪；③ 防卫过当；④ 紧急避险；⑤ 预备犯罪；⑥ 犯罪未遂；⑦ 犯罪中止；⑧ 从犯；⑨ 胁从犯；⑩ 教唆犯罪未遂；⑪ 自首；⑫ 坦白；⑬ 检举；⑭ 立功；⑮ 国外犯罪已受过处罚。

（2）酌定从轻情节辩护

酌定从轻情节是指那些法律没有明文规定，但是根据案件的实际情况能够给予被告人以从轻处罚的某些情节。辩护律师应当在查阅卷宗时发现被告人的酌定从轻情节，提出对被告人有利的酌定从轻情节，以达到较好的辩护效果。酌定从轻情节主要有以下内容：① 犯罪情节轻微；② 初犯、偶犯；③ 主观恶性程度较轻；④ 客观行为实施恶性程度较轻；⑤ 损害后果较轻；⑥ 悔罪态度较好。

（3）其他情节辩护

其他情节是指除法定从轻情节和酌定从轻情节以外能够证实被告人有利的事实情节，辩护人可以提出让法庭参考。

① 被告人平时的表现；

② 被告人退赃、赔偿情况；

③ 被害人有严重过错；

④ 被告人的身体状况，其家庭成员的身体、经济状况；

⑤ 社会舆论。

### （二）程序性辩护

所谓程序性辩护，是指通过指出侦查机关、公诉机关、审判机关在诉讼程序上存在的违法行为，请求法院对这种行为的合法性进行司法审查，进而宣告其违法和无效的辩护活动。程序性辩护可分为侦查程序违法辩护、审查起诉程序违法辩护和审判程序违法辩护。

程序性辩护有以下几个要素：第一，其核心是挑战侦查、检察、审理程序的合法性，为进攻性辩护；第二，其目的是说服法院宣告某一诉讼行为违法；第三，也是前两个要素的前提，是要启动程序性裁判机制。程序性辩护应是一种典型的刑事辩护方法，有助于规范侦查、司法部门的行为，预防、遏制、减少违反诉讼规则的现象。程序性辩护主要涉及以下内容：

1. **案件管辖**

（1）职能管辖

普通案件、一般刑事案件由公安机关管辖受理。贪污贿赂犯罪，国家工作人员的渎职犯罪，国家机关工作人员利用职权实施的非法拘禁、刑讯逼供、报复陷害、非法搜查的侵犯公民人身权利的犯罪，以及侵犯公民民主权利的犯罪，由人民检察院立案侦查。自诉案件由人民法院直接受理。

（2）级别管辖

普通的刑事案件由基层人民法院管辖，法律规定的除外。

中级人民法院管辖危害国家安全案件、恐怖活动案件、可能判处无期徒刑或死刑的第一审刑事案件。

高级人民法院管辖省、自治区、直辖高的重大刑事案件。

最高人民法院管辖全国性重大第一审刑事案件。

（4）地域管辖

刑事案件由犯罪地的公安机关管辖。如果由犯罪嫌疑人居住地的公安机关管辖更为适宜的,可以由犯罪嫌疑人居住地的公安机关管辖。

2. 回避

审判人员、检察人员、侦查人员是本案的当事人或者是当事人的近亲属的;本人或者近亲属和案件有利害关系的;担任过案件证人、鉴定人、辩护人、代理人的;或者有其他利害关系可能影响案件公正处理的,都必须回避。

3. 程序违法

辩护律师在阅卷中应当注意司法机关是否按照刑事诉讼法律法规的规定,对案件中的立案、侦查、审判、审理期限等方面按照法定程序进行,如果发现司法机关违反法律程序规定,应当及时提出程序性辩护意见以维护犯罪嫌疑人、被告人的合法权益。

## 第三节 律师的主要辩护职责

### 一、一审程序中律师的辩护职责

#### (一)公诉案件侦查阶段律师的辩护职责

公诉案件侦查阶段,律师的辩护职责包括以下内容:1. 提供法律咨询;2. 代理申诉、控告;3. 申请取保候审;4. 了解被告人涉嫌的罪名;5. 会见在押的犯罪嫌疑人;6. 要求解除超过法定羁押期限的强制措施;7. 申请补充鉴定或重新鉴定。

### （二）审查起诉阶段律师的辩护职责

审查起诉阶段，律师的辩护职责包括以下内容：1. 会见被告人并提供法律咨询；2. 阅卷，分析，确定辩护思路；3. 收集新证据或者申请补充鉴定/重新鉴定；4. 针对起诉意见书提交辩护意见和材料；5. 申请变更强制措施；6. 代理附带民事赔偿，进行庭前和解；7. 收取起诉书等法律文书。

### （三）审理阶段律师的辩护职责

审理阶段，律师的辩护职责包括以下内容：1. 维护被告人的诉讼权利不受侵犯（包括实体和程序）；2. 全面了解案情，提出有利于被告人的材料和意见；3. 保守职业秘密；4. 出庭辩护，并提交辩护词；5. 防止和揭露刑事司法中的错误；6. 代理附带民事赔偿诉讼，进行和解。

## 二、二审程序中律师的辩护职责

二审程序中，律师的辩护职责包括以下内容：1. 会见被告人，充分倾听其对判决的意见和理由；2. 对是否上诉等提供法律咨询，代写上诉状；3. 在认真阅卷的基础上对案情进行深入分析，考虑是否调整辩护思路或策略；4. 调查核实原有证据并补充新证据；5. 申请调取证据或补充鉴定/重新鉴定。

## 三、再审程序中律师的辩护职责

再审程序中，律师的辩护职责包括以下内容：1. 会见与倾听；2. 阅卷与分析；3. 调查取证或申请补充鉴定/重新鉴定，进行质证；4. 提交刑事辩护词和附带民事诉讼代理词；5. 揭示和阻止刑事司法中的错误。

## 四、死刑复核程序中律师的辩护职责

死刑复核程序中,律师的辩护职责包括以下内容:1.阅卷;2.会见;3.调查取证、质证;4.提交申诉书和辩护词(律师意见书);5.维护被告人核准决定的知情权。

## 五、刑罚执行程序中律师的辩护职责

刑罚执行程序中,律师的辩护职责包括以下内容:1.会见,提供法律咨询;2.代理申诉(搜集新证据、代写申诉状或再审申请书);3.代理执行变更人身罚(减刑、假释、暂予监外执行、保外就医等)、财产罚(中止执行等);4.代理申请错案国家赔偿;5.为新罪、漏罪追究提供法律帮助;6.罪犯权利受到侵害的维权;7.为犯罪申诉、控告、检举提供法律帮助;8.为罪犯的非正常死亡提供法律帮助。

## 六、法律援助程序中律师的辩护职责和作用

法律援助程序中,律师的辩护职责包括以下内容:1.从实体上为被告人进行辩护;2.从程序上为被告人进行辩护;3.提供其他法律帮助(咨询、代书、上诉)。

法律援助程序中,律师辩护的作用包括以下几点:1.扶弱助困,促进社会和谐;2.平衡控辩,推进司法监督;3.实现司法公正,体现法治观念。

## 七、律师辩护的基本步骤

### （一）办理委托手续

律师办理辩护手续主要包括以下内容：1. 委托辩护协议；2. 辩护委托书；3. 律师事务所受理辩护委托告知函；4. 其他手续[①]；5. 法院指定辩护通知书；6. 法律援助指定辩护通知书。

### （二）了解案情，调查取证

律师了解案情、调查取证需要从阅卷和会见被告人入手。律师可以自行调查取证，必要的话，律师可以去人民检察院、人民法院收集、调取证据，或者申请人民法院通知证人出庭作证，或者申请补充证据等。

### （三）进行庭前准备，拟定发问提纲和质证方案

律师应在了解案情、调查取证的基础上做好庭前准备，并按照法庭审理和法庭调查的程序拟定发问提纲，确定质证方案。

### （四）确定辩护思路，撰写辩护词

辩护律师应按照案情确定辩护思路，明确是否要进行事实辩护、程序辩护、法律适用辩护等。律师要按照确定的辩护思路撰写辩护词。

---

[①] 其他手续包括：申请会见证明、取保候审申请书、调取证据申请书、证人出庭作证申请书、鉴定人出庭申请书、补充或重新鉴定申请书、变更强制措施申请书、管辖异议书、羁押或其他超法定期限异议书等。

# 第十一章 刑事诉讼中的律师代理

## 第一节 刑事诉讼中的律师代理概述

### 一、刑事诉讼中律师代理的概念

律师代理是指律师接受自诉案件的自诉人及其法定代理人、公诉案件的被害人及其法定代理人或近亲属、附带民事诉讼的当事人及其法定代理人的委托,为被代理人提供法律帮助,以维护其合法权益,保证国家法律正确实施的活动。

公诉案件,由人民检察院代表国家向人民法院提起诉讼;自诉案件,由被害人自己或其法定代理人向人民法院提起诉讼。

### 二、律师刑事代理的意义

(一)保障被害人的合法权益

代理律师可以在刑事案件中为被害人提供法律咨询,可以代写法律文书,并告知被害人如何保障自身的权益,也可以帮助被害人进行诉讼。

### （二）有助于刑事诉讼的顺利进行

代理律师可以帮助被害人进行案件调查，并协助被害人进行立案、庭审、质证、答辩等诉讼活动。在专业律师的指导下，被害人可以顺利地通过诉讼方式进行维权。

### （三）有利于对案件的正确处理

律师可以在案件事实的认定、证据的证明力、法律条文的适用等方面进行判断，帮助法官查明事实、排除非法证据以及正确适用法律条文，有助于对案件的正确处理。

## 第二节　公诉案件中的律师代理

### 一、公诉案件中律师代理的含义

公诉案件中的律师代理，准确地讲，是公诉案件中被害人的律师代理，指律师接受公诉案件中的被害人及其法定代理人或者近亲属的委托，作为被害人的诉讼代理人，在委托人的授权范围内，以被害人的名义代为参加诉讼活动。这一代理行为常见于公诉人不出庭的简易刑事案件中。

需要注意的是，适用公诉人不出庭的案件应具备以下条件：

（1）限于判处有期徒刑一年以下及拘役、管制、单处罚金的轻微案件；

（2）被告人已供认有罪，自愿接受以公诉人不出庭的方式进行简易审判，并接受检察机关的量刑建议。

因为公诉人不出庭，所以难以在法庭上实现其原有的指控职能和举证职能，也无法开展互相质证和辩论的活动，原通常程序所预期的保障功能也可能大打折扣，进而大大提高了错案的风险。为此，其案件的适用范围和条件，应比有公诉人出庭时更严密，而在审判程序和方法上，则应比有公诉人出庭时更快速、更简便。

## 二、公诉案件中律师代理的权限

公诉案件中律师代理的权限分为以下两部分：

一是基于被害人的授权，代为行使被害人的诉讼权利；

二是法律规定的律师代理所享有的诉讼权利。

被害人在刑事诉讼中的诉讼权利主要有：控告犯罪行为；依法申请侦查人员、检查人员和审判人员回避；参加法庭审理等。

## 三、代理律师的主要工作

### （一）审查起诉阶段的代理工作

1. 对案件事实进行了解和调查；
2. 向检察机关表达对案件的意见；
3. 代理律师在开庭前三日内收到出庭通知的，有权要求变更开庭日期；
4. 了解案件是否公开审理，如涉及被害人的隐私，可以要求人民法院不公开审理；
5. 告知被害人有权申请回避；
6. 应与公诉人互相配合，当代理人与公诉人意见不一致时，从维护被害人的合法权益出发，独立发表代理意见，并可与公诉人展开辩论。

## （二）审判阶段的代理工作

**1. 开庭前的准备工作**

公诉案件中，代理律师的开庭准备包括与委托人进行沟通、整理案情，撰写代理词，调查取证，编写证据目录，对案件进行分析，准确找到适用的法律条文，整理开庭需要的文件（如身份证件等）。

**2. 参与开庭审理**

公诉案件中，代理律师参与开庭需要按照庭审规则，参与法庭调查，陈述诉讼请求，陈述代理词，进行举证、质证，参与法庭辩论，进行最后陈述。

**3. 一审宣判后的代理**

休庭后，律师应告知委托人核对笔录，补遗改错，确认无误后，再签名或盖章。被害人及其法定代理人对一审判决不服的，代理律师可协助或代理委托人，在其收到判决书之日起5日内，请求人民检察院提出抗诉。

# 第三节　自诉案件中的律师代理

## 一、自诉案件中律师代理的含义

自诉案件中的律师代理，是指律师接受自诉人及其法定代理人的委托，作为自诉人的诉讼代理人，在委托人的授权范围内，以自诉人的名义代为参加诉讼活动。

## 二、自诉案件中律师代理的特征

### （一）律师是诉讼代理人

在公诉刑事案件中，律师接受被告人的委托或者法院的指定，成为被告人的辩护人；在自诉案件中，律师接受自诉人及其法定代理人的委托，成为自诉人的诉讼代理人，而非辩护人。

### （二）律师代理的案件是刑事案件

在自诉案件中，律师虽然是代理人，但是与民事代理不同，律师代理的是刑事案件。

### （三）具有代理的一般特征

自诉案件中的律师代理也符合代理的一般特征，应当按照《民法典》中关于代理的规定履行职责。

## 三、代理律师的主要工作

### （一）起诉前的代理工作

接受委托前，代理律师应审查案件是否符合法定的自诉案件的范围和立案条件，符合条件的，办理委托手续。

接受委托后，代理律师要帮助委托人分析案情，确定被告人和管辖法院，调查、了解有关事实和证据，代写刑事起诉状。

自诉人同时要求民事赔偿的，代理律师可协助其撰写刑事附带民事诉讼起诉状，写明被告人犯罪行为所造成的损害，以及具体的赔偿请求及计算依据。

附带民事诉讼代理应办理相关的手续。律师代理提起自诉时，应携带下列材料和文件：

1. 自诉人的身份证件；
2. 刑事起诉状；
3. 证据材料及目录；
4. 授权委托书；
5. 律师事务所信函；
6. 律师执业证。

同时提起附带民事诉讼的，应提交刑事附带民事起诉状。

在刑事自诉案件中，被告人提起反诉的，代理律师可接受自诉人的委托，担任其被反诉辩护人，但应办理相应的委托手续。

代理律师应向自诉人告知有关自诉案件开庭的法律规定，避免因自诉人拒不到庭或擅自中途退庭，导致法院按自动撤诉处理的法律后果。自诉人因故不能出庭的，代理律师应按时出庭履行职责。

### （二）审判阶段的代理工作

自诉案件开庭审理时，代理律师应协助自诉人充分行使控诉职能，提出证据证明自诉人的指控成立。

### （三）二审程序的代理工作

如果当事人不服一审法院的判决或裁定，可以在法定期限内向上级人民法院提出上诉；律师应协助当事人进行二审案件的立案、开庭、调解等事宜。

## 第四节　刑事附带民事案件中的律师代理

### 一、刑事附带民事诉讼案件中律师代理的含义

刑事附带民事诉讼案件中的律师代理，是指律师接受刑事附带民事诉讼案件当事人的委托，作为刑事附带民事诉讼当事人的诉讼代理人，在其授权范围内，以刑事附带民事诉讼当事人的名义代为参加诉讼活动。

### 二、刑事附带民事诉讼原告人的律师代理

（一）刑事附带民事诉讼原告人的范围

刑事附带民事诉讼原告人包括：
1. 因犯罪遭受物质损失的被害人；
2. 已死亡的被害人的近亲属；
3. 无行为能力或限制行为能力的被害人的法定代理人。

（二）代理律师的主要工作

律师接受刑事附带民事诉讼原告人的委托前，应注意审查下列事项：
1. 作为提起附带民事诉讼前提的刑事案件是否已经提起；
2. 被告人是否符合法定条件；
3. 被害人的损失是否是由被告人的犯罪行为所引起的；
4. 提起时间是否在刑事案件立案之后、一审判决宣告之前。

律师接受委托后，应代为撰写民事诉状，并做好以下工作：

1. 若法院不受理刑事附带民事诉讼，可建议委托人另行起诉；
2. 指导、协助委托人收集证据、展开调查、申请鉴定；
3. 建议、协助委托人申请人民法院对被告人的财产予以扣押和查封；告知委托人不到庭和中途退庭的法律后果。

## 三、刑事附带民事诉讼被告人的律师代理

### （一）刑事附带民事诉讼被告人的范围

律师可以接受刑事附带民事诉讼被告人及其法定代理人的委托，在一审、二审程序中担任诉讼代理人。

刑事诉讼被告人的辩护律师也可以接受委托，同时担任刑事附带民事诉讼被告人的诉讼代理人。

### （二）代理律师的主要代理工作

代理律师应帮助被告人撰写答辩状，进行调查、取证，申请鉴定，参加一审、二审的庭审，出示证据，反诘对方，发表代理意见。其诉讼权利与刑事附带民事诉讼原告人的代理人相同。对于一审判决附带民事诉讼部分，附带民事诉讼被告人有权提起上诉。代理律师接受委托后，可以帮助委托人撰写上诉状，提起上诉，参加二审庭审。

## 第五节　刑事律师的实务要点

### 一、正确把握政治方向

我国的律师制度是国家司法制度的一个组成部分,刑事诉讼工作是律师制度的一个重要方面。刑事律师要正确把握政治方向,在宏观上,以中华民族的兴旺、国家的强盛、人民的幸福安康为正确方向;在微观上,办理好每个案件,维护法律的正确实施。律师不能一切以自己的利益出发,不能为了达到个人目的而损害委托人的合法权益。

### 二、树立好人生目标

如果律师把刑事业务当作自己的主攻方向,就要坚信这一业务是最理想的工作,并愿意为之付出时间、精力和感情。只有这样,律师才会发现刑事诉讼是值得追求的,并能从中得到乐趣。当律师遇到困难时,只有坚定自己的道路,才能发挥出自己的实力,克服困难,到达成功的彼岸。

### 三、选择好的律师事务所和前辈

刑事诉讼是一门实践性非常强的业务,好的律师事务所有好的理念、好的制度、好的工作气氛和人际关系,能够为律师的成功提供支持。一个好的有经验的律师会对新律师进行指导和教诲,使其迅速学会各种技巧和本领,少走弯路,早日成才。

## 四、掌握好刑事诉讼业务的技巧

刑事诉讼的业务包括接待当事人、与司法人员交往、会见犯罪嫌疑人或被告人、阅卷、出席法庭审理等内容。这些内容里包含着刑事诉讼的经验和技巧，需要新律师去反复实践、操练才能掌握。

## 五、需要良好的执业心态

刑事诉讼律师必须客观地看待事实，理性地把握分寸，划清律师与当事人的界限。律师就是专业人员，要有理性思维，按照操作程序实施代理、辩护行为。不要把当事人的事与自己的私事混淆，丧失理智，做出不规范的行为，给自己带来麻烦。因此，刑事诉讼律师必须客观、理性、冷静。

## 六、维护当事人的合法权益

律师维护当事人的合法权益，既是律师法的基本原则，也是民事代理关系的基本要求，律师的责任就是要依据事实和法律提出意见，维护当事人的合法权益。刑事诉讼律师必须时刻牢记这条宗旨，在进行刑事代理、辩护工作时，不能因为个人好恶，或者追求个人利益而损害当事人的合法权益，要最大程度地维护当事人的合法权益。

# 第十二章 民事诉讼中的律师代理

## 第一节 民事诉讼及律师代理概述

### 一、诉讼代理概述

（一）诉讼代理的概念和内容

诉讼代理是指以当事人的名义，在法律规定或者当事人根据法律授权的范围内，代表当事人一方，进行诉讼活动。[①]

（二）诉讼代理制度的沿革

诉讼代理制度与律师的发展息息相关。一般认为，律师的代理制度起源于古罗马奴隶制早期，是在奴隶主管家为了替奴隶主进行财产管理、处理法律性事务的基础上发展起来的。我国大约从西周时期开始存在诉讼代理行为，但是直至清末也没有形成较为完善的诉讼代理制度。诉讼代理制度作为一种法律制度，经历了一个较长的发展和完善的过程。随着我们国家法制的健全，诉讼代理制度将在实践中不断得到发展和完善。

---

① 北京市律师协会：《民事法律实务疑难问题探析》，北京大学出版社，2012。

### （三）诉讼代理制度的立法概况

关于诉讼代理人应当包括哪些种类，各国的立法不尽相同，主要的做法有三种：

第一，将诉讼代理人分为法定诉讼代理人、指定诉讼代理人和委托诉讼代理人三种，并将其作为一种完整的诉讼代理制度，独立地规定为一章。匈牙利就采取这种立法体例。

第二，将诉讼代理人分为法定诉讼代理人和委托诉讼代理人两种，并将其作为诉讼参加人中与当事人并列的一节加以规定。我国现行民事诉讼法即采取此种立法体例。

第三，认为诉讼代理人仅指委托诉讼代理人，以专章将其列于当事人一章之后。

### （四）诉讼代理人的概念和种类

我国《民事诉讼法》规定，诉讼代理人分为法定代理人和委托代理人两种。这是以诉讼代理权发生的原因（即发生根据）为标准划分的。

法定诉讼代理权基于法律规定的亲权和监护权而发生，委托诉讼代理权基于委托人的授权而发生。有必要说明的是，在我国 1982 年颁布的《中华人民共和国民事诉讼法（试行）》中，曾将诉讼代理人分为法定代理人、指定代理人和委托代理人三种。这里的指定代理人是指当事人没有法定代理人的，由人民法院指定代理人。据此规定，指定代理人只适用于当事人没有法定代理人的情况。

但是，由于我国法律的逐步规范，尤其是法定代理人制度的落实，没有法定代理人的情况减少，因此，《民事诉讼法》修改了相关规定，现行的法律中只规定了法定代理人和委托代理人两种。

## 二、民事诉讼中的律师代理的概念和特征

### （一）民事诉讼中的律师代理的概念

民事诉讼中的律师代理是律师代理制度中的一种，是指在民事诉讼中律师为了维护被代理人的利益，以被代理人的名义，在正当代理权限的范围内，代理被代理人进行诉讼活动。[①]

### （二）民事诉讼中的律师代理的特征

民事诉讼中的律师代理具有以下特征：

1. 律师的民事诉讼代理活动是具有法律意义的活动；
2. 律师的民事诉讼代理活动必须以被代理人的名义进行；
3. 律师的民事诉讼代理活动必须在被代理人的授权范围内进行；
4. 律师合法代理的一切法律后果均由被代理人承担。

### （三）律师的民事诉讼代理与刑事诉讼辩护的区别

律师的民事诉讼代理与刑事诉讼辩护虽然都是接受委托进行特定的诉讼活动，但是二者具有原则性的区别。

#### 1. 参加诉讼的依据不同

民事诉讼代理律师要参加诉讼活动，必须与民事诉讼当事人及其法定代理人或近亲属签订委托代理协议，在这个委托代理协议基础上产生的特定授权是律师代理当事人参加民事诉讼的唯一法定依据；而刑事诉讼辩护律师则既可以是基于犯罪嫌疑人、被告人的委托参加刑事诉讼，也可以是根据人民法院的指定为刑事诉讼被告人辩护。

---

[①] 上海市律师协会律师学院、谭芳：《民事诉讼律师实务》，法律出版社，2014.

## 2. 参加诉讼的范围不同

民事诉讼律师代理则适用于所有民事诉讼的当事人，包括民事诉讼原告、被告、第三人以及上诉人、被上诉人等；而刑事诉讼的律师辩护仅仅适用于公诉案件的犯罪嫌疑人、被告人和自诉案件的被告人。

## 3. 在诉讼中活动的资格和地位不同

在代理民事诉讼当事人进行诉讼活动的时候，律师虽然具有一定的相对独立性，但并没有独立的诉讼地位，在诉讼中只能以被代理人的名义进行诉讼，并且要受被代理人意思表示的约束；而在刑事诉讼中，辩护律师具有独立的诉讼地位，在诉讼中以自己的名义进行诉讼，不受犯罪嫌疑人、被告人意思表示的约束。

## 4. 权限范围不同

民事诉讼代理律师的权限由被代理人授予，且不能超出被代理人的权限范围；而刑事辩护律师的职责则是由法律明确规定的，刑事辩护律师享有法律规定的会见权、通信权、阅卷权、调查取证权等广泛的诉讼权利，其中有些权利是犯罪嫌疑人、被告人所不享有的。

## 5. 诉讼任务不同

在民事诉讼中，代理律师的任务就是基于被代理人的授权，在法律规定的范围内，根据被代理人的意志来维护被代理人的权益；而刑事辩护与民事代理在这个问题上具有较大的差异，刑事诉讼律师辩护制度的根本价值在于赋予犯罪嫌疑人、被告人对抗国家公诉机关的手段，在维护犯罪嫌疑人、被告人合法权益的同时，尽力寻求事实真相，以尽可能地在刑事诉讼中实现实体正义与程序正义的平衡，因此，辩护律师在刑事诉讼中的辩护活动可以不受犯罪嫌疑人、被告人意志的制约。

## 6. 受处罚的程度不同

在刑事诉讼中，作为辩护人、诉讼代理人的律师毁灭、伪造证据，帮助当事人毁灭、伪造证据，威胁、引诱证人违背事实改变证言或者作伪证的，有可能构成辩护人妨害刑事证据罪；在民事诉讼的代理中，代理律师如果也有类似的行为,则可能构成妨害作证罪,该罪刑罚比辩护人妨害刑事证据罪要轻。

7. 介入的时间不同

在民事诉讼中,诉讼代理人一般在法院受理案件之后介入诉讼,开始诉讼代理活动;在刑事诉讼中,公诉案件自案件移送检察机关审查起诉之日起辩护人即可介入诉讼(犯罪嫌疑人需要聘请律师提供法律帮助的,可在其第一次被侦查机关讯问或者采取强制措施时提出);自诉案件的被告人有权在法院受理案件后委托辩护人介入诉讼。

## 三、民事诉讼中律师代理的范围

(一)民事诉讼中律师可代理对象的范围

《民事诉讼法》规定,民事诉讼的当事人(包括原告、被告、共同诉讼人、第三人)及其法定代理人,都可以委托一至二人作为诉讼代理人。但是,无论是谁进行的委托,代理律师在民事诉讼中的地位和权限都源自民事诉讼当事人的诉讼主体地位。

(二)民事诉讼中律师可代理案件的范围

凡是依照民事法律关系所产生的财产关系和人身关系方面的案件,依照婚姻法律关系所产生的案件,依照经济法律关系和劳动法律关系所产生的案件,都属于律师可以代理的民事诉讼案件的范畴。

## 四、民事诉讼中代理律师的地位和权限

（一）民事诉讼中代理律师的地位

代理律师在民事诉讼中，虽然可以相对独立地进行一系列的诉讼活动，但是其在民事诉讼中的地位与实际的诉讼当事人仍然存在着明显的差异。具体的区别如下：

第一，律师在民事诉讼中不是诉讼主体，而是诉讼法律关系的主体；

第二，律师在民事诉讼中具有相对的独立性。

（二）民事诉讼中代理律师的权限

1. 民事诉讼中代理律师权限的形成

民事诉讼中代理律师的权利源自民事诉讼当事人所天然拥有的诉讼权利，如果没有民事诉讼当事人或其法定代理人的书面委托授权，律师在民事诉讼中就没有任何立场或权限。民事诉讼中代理律师权限的形成及权限的内容完全取决于授权委托的具体内容。

2. 民事诉讼中代理律师权限的分类

律师在民事诉讼中的代理可分为三类，即一般代理、特别代理，还有一种较为特殊的情况是复代理。下面分别对这三种情况进行具体说明：

（1）一般代理

一般代理，又称为一般授权代理，是与特别代理相对而言的，是无需对案件的实体问题做出明确表态和决策的代理。这种代理有较大的伸缩性和可变性，而少有固定性和决定性，如申请回避、提出管辖权异议、提供证据、进行质证和辩论等。

（2）特别代理

律师在民事诉讼中的特别代理，是指通过委托人的特别授权，赋予律师对

案件实体问题的重大诉讼行为直接做出决定性的明确表态的诉讼代理。①

（3）复代理

复代理也叫转委托代理，是代理人接受委托以后，在某种特殊的原因下，为了维护被代理人的合法权益，将一部分、大部分或全部的代理权委托其他律师代理的诉讼行为。②

3. 委托诉讼代理权的取得、变更、解除和消灭

（1）委托诉讼代理权的取得。委托诉讼代理权是基于委托人的授权而发生的。委托人签署委托诉讼协议后，律师根据委托协议的内容取得委托诉讼代理权。

（2）变更和解除委托诉讼代理权的要求。委托诉讼代理关系成立后，诉讼代理人取得的诉讼代理权在诉讼过程中有可能发生变更或者解除。所谓委托诉讼代理权的变更，是指委托诉讼代理人取得诉讼代理权后，在诉讼过程中，委托人基于一定原因，扩大或者缩小原来的诉讼代理权。所谓委托诉讼代理权的解除，是指在委托诉讼代理关系成立后，因委托人收回诉讼代理权或者代理人放弃诉讼代理权而终止双方的诉讼代理关系。

（3）委托诉讼代理权的消灭。委托诉讼代理权可以因各种原因而消灭。委托诉讼代理权的消灭不同于委托诉讼代理权的解除，委托诉讼代理权的解除完全是人为的原因，而委托诉讼代理权的消灭则既有人为的原因，也有非人为的原因。

---

① 《民事诉讼法》第六十二条规定，诉讼代理人代为承认、放弃、变更诉讼请求，进行和解，提起反诉或者上诉，必须有委托人的特别授权。

② 《民法典》第九百二十三条规定，受托人应当亲自处理委托事务。经委托人同意，受托人可以转委托。转委托经同意或者追认的，委托人可以就委托事务直接指示转委托的第三人，受托人仅就第三人的选任及其对第三人的指示承担责任。转委托未经同意或者追认的，受托人应当对转委托的第三人的行为承担责任；但是，在紧急情况下受托人为了维护委托人的利益需要转委托第三人的除外。

## 五、律师代理民事诉讼的意义

### （一）有助于当事人权利的实现和纠纷的解决

律师代理民事诉讼直接关系着当事人权利的实现。在民事诉讼中，纠纷的解决和权利的实现常常是一个事物的两个方面，在以诉讼方式解决纠纷的同时，权利也就得到了实现。虽然权利的实现可借助多种方式，但通过诉讼实现权利是最具权威性的一种。因为，一旦当事人的权利得到生效裁判文书确定，即意味着获得了国家强制力的保护，从而具备了极大的稳定性。

### （二）集中体现了对法治进步的推动作用

公正是法治的生命线。律师在实现司法"权利救济""定纷止争""制约公权"中扮演着不可或缺的角色，其核心作用是维护司法公正、保障法律的实施。律师在为当事人代理诉讼的过程中，通过维护当事人的合法权益，回应了当事人乃至社会对公平正义的要求，也有助于推进社会的法治建设。

## 六、关于律师代理诉讼的几个问题

为了正确和充分地发挥律师在民事诉讼中的作用，有以下几个问题需要研究：

1. 同一个律师事务所的两名律师，可否各自接受同一案件中原、被告的委托，同时代理诉讼？

我国《民事诉讼法》和《律师法》均未对此作出明确的禁止性规定。理论界对此有不同的看法，一种意见认为，同一个律师事务所的两名律师不宜各自接受同一案件中原、被告的委托，不宜同时担任诉讼代理人；另一种意见认为，同一个律师事务所的两名律师可以各自接受同一案件中原、被告的委托，同时担任诉讼代理人。按照目前《律师执业行为规范》第五十条的规定，国家并不提倡同一律师事务所的不同律师担任同一案件中原、被告的代理人，但是由于有些偏远地区，有且仅有一家律师事务所，那么由这一家律师事务所的不同律师担任同一案件的原告和被告的代理人也属于无奈之举，因此，不能对此全盘否认。①

2. 对于当事人的诉讼请求显然无理的，律师应否接受代理诉讼的委托？

对此存在三种不同的主张：第一，主张不管当事人的诉讼请求有理无理，只要当事人提出委托，律师就应接受；第二，主张对没有理由的原告，律师可以不接受委托，而对被告的委托即使没有理由也应接受；第三，主张无论原告还是被告，只有诉讼请求有理的才能接受委托。

笔者认为，律师接受代理的前提是诉讼请求合理，如果诉讼请求不合理，那么在诉讼活动中，案件很难顺利结案。因此，律师在接待当事人时，如果发现当事人的诉讼请求不合理且很难实现，应考虑不接受代理诉讼的委托。

3. 律师能否代理执行案件？

我国法律虽未明确规定律师能否代理执行案件，但基于对律师代理诉讼应当包括审判和执行两个完整阶段的理解，一般认为，只要当事人提出委托，律师就可以代理执行案件。特别是当前执行案件的难度一般都较大，涉及的情况也较复杂，如果有律师代理，可以协助法院更好地执行任务。但律师代理执行案件，应由当事人另行委托，而不属于当事人在审判阶段一般授权或特别授权的代理范围。

---

① 《律师执业行为规范》第五十条规定，有下列情形之一的，律师及律师事务所不得与当事人建立或维持委托关系：（四）同一律师事务所的不同律师同时担任同一刑事案件的被害人的代理人和犯罪嫌疑人、被告人的辩护人，但在该县区域内只有一家律师事务所且事先征得当事人同意的除外；（五）在民事诉讼、行政诉讼、仲裁案件中，同一律师事务所的不同律师同时担任争议双方当事人的代理人，或者本所或其工作人员为一方当事人，本所其他律师担任对方当事人的代理人的；（六）在非诉讼业务中，除各方当事人共同委托外，同一律师事务所的律师同时担任彼此有利害关系的各方当事人的代理人的。

4. 特别程序中的当事人可否委托律师代理？

特别程序是民事诉讼程序的有机组成部分，律师代理民事诉讼也应当包括代理特别程序中的当事人。只要特别程序中的当事人有委托授权的，律师便可以接受委托进行代理。

5. 律师可否代理当事人申请再审和参加再审程序？

再审程序是民事审判程序的有机组成部分，律师代理民事诉讼应当包括各种审判程序中的代理。因此，律师可以接受当事人的委托，代理当事人申请再审和参加再审程序。但这种情况，也应由当事人另行委托。

## 七、律师在民事诉讼中的工作

律师代理民事诉讼案件，一般可以分为以下阶段：收案、庭前准备、参加法庭审理以及执行阶段的代理工作，而各个阶段又包括不同的环节。

民事诉讼案件的收案，是指民事诉讼当事人到律师事务所办理委托代理手续，聘请律师担任其民事诉讼代理人，与律师事务所签订书面委托代理协议的过程。①在收案阶段，主要有以下几个环节的工作：接待当事人并评估案情、签订委托代理协议等。

### （一）接待委托人并评估案情

律师在接待委托人的过程中，需要分析和评估案情，要注意审查委托代理案件的合法性。对委托代理案件合法性的审查是分析、评估案件的首要步骤，具体包括对以下内容的审查：

1. 审查委托人委托代理的事项是否具备民事诉讼法规定的起诉条件；
2. 案件是否归人民法院主管；
3. 委托人的诉讼请求是否违反法律、政策或社会公德；

---

① 翟雪梅：《民事诉讼律师基础实务》，中国人民大学出版社，2014。

4. 审查案件是否已经超过了诉讼时效。

（二）签订委托代理协议

委托代理协议是律师代理民事诉讼的依据，其主要内容包括：委托人的姓名、性别、年龄、住址等基本情况及案由，律师事务所指派参加诉讼的律师，委托代理事项及权限，代理关系的有效期限，双方商定的委托代理费用，双方的权利、义务。

# 第二节 庭前准备阶段

## 一、出具和提交授权委托书

《民事诉讼法》第六十一条规定，委托人可以委托一至二人作为诉讼代理人；第六十三条规定，诉讼代理人的权限如果变更或者解除，当事人应当书面告知人民法院，并由人民法院通知对方当事人。

在委托人委托两位律师代为诉讼时，为了避免两位律师在代理过程中出现意见分歧，应当在授权委托书中分别载明两位律师的代理权限，两位律师在代理过程中也要经常交换意见，共同做好代理工作。当其代理意见分歧较大时，应当及时向委托人说明，由委托人做出决断。

## 二、庭前准备

1. 梳理案情
2. 协助委托人履行举证责任

律师要完成这一任务,主要有以下两方面的工作:(1)协助委托人准备证据;(2)调查取证。

3. 到法院查阅案卷材料

在阅卷过程中,代理律师应注意以下问题:(1)要注意证据材料的完整性,切忌断章取义;(2)从有利于委托人的角度出发,注意审查两方面的证据,防止先入为主;(3)注意审查证据的合法性、客观性和关联性,认真审查正、反两方面的证据,及时发现矛盾和疑点,提请法院或当事人予以澄清,对司法实践中经常可能出现的伪证情况,要重点进行分析;(4)对于阅卷过程中知悉的国家秘密、商业秘密和个人隐私,要注意保密。

4. 撰写有关法律文书

代理律师在掌握了有关事实和证据之后,应根据实际情况,撰写有关法律文书,这些法律文书包括起诉状、答辩状、代理词和和解协议。

5. 准备法庭辩论提纲

法庭辩论是庭审的中心环节,对于案件事实的查明以及法律规范在案件中的正确适用具有决定性意义,为法庭辩论做准备是律师在开庭前的重要工作之一。因此,律师必须在充分了解案件情况的基础上,理清辩论思路,拟定辩论策略,准备好自己所要提出的问题,预测对方可能会提出的问题,并拟定相应的应对方法。

## 三、参加法庭审理

(一) 律师代理当事人参加法庭审理的一般过程

法庭审理是指人民法院在完成必要的准备之后,在法院或其他适宜的场合设置的法庭上,对民事案件进行审查处理等活动。

法庭审理一般包括以下几个阶段:审理开始、法庭调查、法庭辩论、合议和宣判等。此外,在法庭审理的全过程中,还贯穿着法院的调解活动。

律师在法庭调查阶段可以进行下列代理工作:

第一,协助当事人陈述案情;

第二,审查、核实证据。

在实践中,代理律师还应做好以下几方面的代理工作:

第一,引导审判;

第二,提出新的证据;

第三,申请重新勘验、鉴定和调查;

第四,增加新的诉讼请求;

第五,申请财产保全或先行执行;[①]

第六,申请撤诉。

(二) 律师代理离婚案件时,有关出庭的特别规定

我国《民事诉讼法》第六十五条对离婚案件的代理作了如下特别规定:离婚案件有诉讼代理人的,本人除不能表达意思的以外,仍应出庭;确因特殊情况无法出庭的,必须向人民法院提交书面意见。

这一规定包括两层含义:

---

① 《民事诉讼法》第一百零三条、第一百零九条规定,律师在法庭调查阶段依据新发现的有关情况,可以申请财产保全和先予执行。

第一,离婚案件的当事人即使有诉讼代理人的,原则上当事人仍应亲自出庭,只有不能正确表达自己意思的当事人才可以不出庭。

第二,能够正确表达自己意思的当事人确因特殊情况无法出庭的,必须向人民法院提交书面意见,以便法院能充分考虑当事人的意愿,对案件作出正确处理。所谓书面意见,是指不出庭的当事人对离婚或不离婚以及对子女抚育、财产分割的意见。

这一规定的实质,是基于离婚案件的特殊性而对离婚案件中诉讼代理权的一种限制。

## 四、合议和宣判

在合议庭合议和宣判阶段,律师可以进行以下活动:

### (一)参加法庭调解

律师按照委托诉讼合同的约定,可以代理当事人参加法庭调解,在授权范围内帮助当事人达成调解协议。经过法院调解达成的协议,经双方当事人签收后即具有法律效力。

需要注意的是,法庭调解和当事人和解不同,如果当事人双方通过和解的方式解决纠纷,由于和解协议缺乏强制力,律师需要提醒当事人应当在对方履行了和解协议之后再撤案。

### (二)申请补正法庭笔录

《民事诉讼法》第一百五十条规定,当事人和其他诉讼参与人认为法庭对自己的陈述记录有遗漏或差错的,有权申请补正。如果不予补正,人民法院应将申请记录在案。

### （三）解释裁判，代理上诉

对于已作出的判决或裁定，律师有义务依当事人的要求，对裁判文书的内容作出解释，让当事人充分理解裁判文书的意思。如果裁判文书中判项和说理不充分、不明确，律师也难以理解和解释的，律师可以代当事人请求法官对判决进行释明。比较常见的是要求对判决理由进行释明。

一审如已作出判决或者裁定结案，应特别关注上诉期及裁判写明的履行期限。上诉权是当事人享有的重要的诉讼权利，同时又具有时效限制，因此，律师在收到判决书或裁定书后，应及时跟进各项审后工作，保障当事人及时、正确地行使上诉权。

### （四）退回诉讼费用

法院诉讼费用在符合一定条件的情况下是会退回的。例如，按照《诉讼费用交纳办法》，民事诉讼案件适用简易程序审理的，减半交纳案件受理费；以调解方式结案或者当事人申请撤诉的，也减半交纳案件受理费。因此，如果所代理的案件有前述情况的，律师应当提示己方当事人可以退回法院诉讼费，必要时，律师应当协助当事人就此与法院进行沟通。

## 五、执行阶段的民事诉讼代理律师的代理

对于因各方均不上诉而发生法律效力的判决书，债权人需要及时主张履行，才能真正享受到判决利益；而对于判决确定的债务方来说，及时主动履行也可避免损失的进一步扩大。因此，律师应关注履行期限，在判决生效后及时对当事人做出提醒。

《民事诉讼法》第二百三十一条规定，发生法律效力的民事判决、裁定，以及刑事判决、裁定中的财产部分，由第一审人民法院或者与第一审人民法院

同级的被执行的财产所在地人民法院执行。

根据以上规定，债务人未予以主动履行判决义务的，在超过判决所规定的履行期限后，当事人即可申请法院执行。律师在此过程中，要特别向当事人提示申请执行的期限，同时在代理权限内帮助当事人向法院申请执行。

根据我国《民事诉讼法》《律师法》等相关规定，律师在民事诉讼执行程序中可以进行下列代理活动：1. 调查取证；2. 申请执行和撤回执行申请；3. 促成执行和解；4. 处理执行异议；5. 表示延期执行。

在执行阶段，代理律师应注意以下几个问题：

1. 接受委托必须有生效的执行根据，即据以执行的法律文书必须是生效的民事判决书、裁定书或调解书；
2. 作为执行根据的法律文书，必须具有给付内容；
3. 委托人应是执行标的的权利人；
4. 对方当事人有故意拖延、逃避或拒绝履行义务的行为；
5. 代理执行事项应在法律规定的执行期限内。

## 第三节　二审庭审程序中律师的博弈

如果说一审庭审是当事人之间的一场从"零"开始的对弈，那么，二审庭审则是在一盘已有优劣势之分的棋局上的继续博弈。如果说，在一审中，当事人的对手是对方当事人，那么，在二审中，上诉人的对手除了被上诉人外，还有摆了这盘"棋局"但不出现在庭审现场参与"对弈"的原审法官。

一审的目的，是要确立一个新的判决，因此，双方律师的主要能力表现在立论与驳论，以及对对方观点的预判上；而二审的目的，则是要推翻或维持既有的判决。一般来说，双方对于案件的观点，在一审庭审中已经进行了充分的表达，在二审中，上诉人的律师应以发现问题、驳斥原审法院观点为主要工作，而被上诉人的律师则以充足的理由给予原审法院的判决以支撑为主要工作。因此，二审民事诉讼案件的庭审，虽然从主要程序来看与一审基本相同，但就每个程序中的具体审理方式，与一审还是有着相当大的差异的，尤其是在法庭调查阶段。在二审中，律师的工作也与一审有所不同，具体如下：

## 一、法庭调查

如前所述，在二审中，双方的主要任务分别是推翻和维护原审的认定和判决，因此，双方争议所围绕的焦点是判决书的内容。二审法官首先需要查明的是双方对于原判决中认定的事实和适用的法律有哪些异议，并仅就双方意见不同的部分进行进一步的调查审理。

### （一）指出判决书的错误

同一审庭审一样，二审的法庭调查也是从上诉人陈述诉请及理由开始的。但在被上诉人陈述完答辩意见之后，二审法庭一般会直接引导当事人针对原审判决书，就不服的认定内容，逐项指出，以便归纳二审的争议焦点。

在这一环节，最常见的方式是，法官要求双方就查明事实叙述部分和判决理由阐明部分，也就是"法院查明"和"法院认为"开头的段落提出具体意见，即指明对其中哪个段落的第几行的哪项认定不服，理由是什么。这是一项具体而细致的任务，需要代理律师在开庭前认真做好准备。律师需要注意的是，在这一环节中所需要指出的错误，也包括原审法院遗漏认定事实的错误。重要事实的遗漏认定，必然对案件的判决结果有着重大影响。而这种事实认定的遗漏，又往往是要结合原审庭审笔录才能够做出最有说服力的指证的，因此，代理二审案件的律师，在二审开庭前，都应尽可能地查阅一审庭审笔录。在对比庭审笔录内容与判决书内容的过程中，才能发现判决错误的根源所在——或是原审法院在归纳当事人陈述时误解了当事人的意思，或是总结证据时遗漏了对案件事实有重要证明作用的证据，或是对一方当事人做出的自认未予以关注和引用等。如果能确定判决书所载内容与庭审情况有较为重大的出入，则属于一审的"硬伤"，原审判决就很有可能会被撤销。

（二）二审举证和质证

在我国司法审判中，二审仍然是兼顾事实审和法律审两个部分的，但是，在事实审部分，二审也不是进行面面俱到的审查。对于一审已经经过举证、质证，并被原审纳入判决书诉讼证据展示部分的证据，在二审中是不需要再一一重新举证的。然而，不需要重新举证的证据，并不是不需要在二审庭审中被提及并讨论。要证明原判决中事实认定有错误，主要还是要依靠原审证据来证明的。因此，二审中举证和质证的重点，应当是一审结束后是否有新证据发现。律师在这一阶段，需要向法官提交新的证据，或者申请法院重新调查取证。

## 二、法庭辩论

二审中的法庭辩论，从程序上而言，与一审的辩论环节似乎并无两样。但在实践中，我们经常可以发现，二审的法庭常常并不归纳案件的争议焦点。因此，二审的辩论内容，与一审肯定是有着显著差异的。案件在一审中的争议焦点，可能经过一审判决书的说理和认定，已不再成为当事人之间的争议焦点，而二审中所谓的争议焦点，往往主要是相对于原审的观点而言的，即二审的争议焦点是双方在辩论阶段所提出的，是支持或反对原审判决内容的观点。

因此，作为二审的代理律师，归纳出恰当的二审争议焦点，是做出精彩辩论的基础。

## 三、二审谈话

根据《民事诉讼法》的规定,第二审人民法院在处理上诉案件时,应当组成合议庭,开庭审理。经过阅卷、调查和询问当事人,对没有提出新的事实、证据或者理由,合议庭认为不需要开庭审理的,可以不开庭审理。该规定说明,法院对于其认为无新的事实、证据或理由的案件,是可以不予开庭审理的。但是,即便不予开庭,在二审判决前,"询问当事人"仍是必要的环节。在此,我们称该询问为"二审谈话",其内容具体如下:

### (一)参加谈话

二审谈话是法官就上诉听取当事人及其代理人意见的环节。它和法官的阅卷及其他调查方式一起,帮助二审法官查明以下两个问题,以确定该案件是否需要进行开庭审理:1. 案件是否出现了新的事实、证据或情况;2. 原审案件是否可能存在事实调查不清、适用法律不当的情形。

因此,二审谈话和二审开庭并不是竞合程序。法官完全有可能在进行谈话之后,发现案件存在需要开庭的情形,进而再行组织开庭。

二审开庭是必须组成合议庭才进行案件审理的,但常见的二审谈话多由一名法官主持。多数情况下,法官会召集上诉双方当事人共同进行谈话,但也不排除法官分别与双方当事人进行谈话,或者被上诉人出于消极应诉的态度而不到场的情况。因此,参加二审谈话的律师,要做好谈话中无法与对方进行对质的准备,谈话中更多的是单方面说服法官。

二审谈话的目的,就是要在有限的时间里和有限的方式下,使法官确信案件原判决确实存在错误,存在需要重新开庭审理的情况。因此,作为参加谈话的上诉人代理人,必须考虑用恰当的方式突出重点,让法官愿意为开庭审理做出决定。

### （二）追加代理词

在二审谈话中，当事人表达观点的机会可能主要在于对法官的提问进行回答，而没有机会发表完整的辩论意见，因此，代理人可以在谈话后将对案件的代理意见以书面形式提交法庭，目的是促使法庭考虑开庭审理。

同时，由于谈话后法院是否会决定开庭，也未必会当场知晓，因此，在必要的情况下，代理人也可以提交开庭审理申请函，将需要开庭审理的理由以书面方式表达出来，这样也会有助于促使法庭开庭审理。

## 第四节 律师办理再审案件的注意事项

再审案件的对象是已生效的判决、裁定，故不同于一、二审程序。上诉案件针对的是未生效判决，二审法院对一审裁判本着"有错必纠"的精神，对于确有问题的，裁判会尽力寻求救济。而再审案件针对的是已生效裁判，尤其是经过正常的一、二审程序的，法院出于对维护生效裁判严肃性的考虑，不会轻易更改生效裁判，即便生效裁判确实略有瑕疵，也未必足以导致案件需要再审。因此，律师承办再审案件应有不同于一、二审的注意事项：

1. 律师应当认真审查生效裁判，判断其是否符合再审条件。若生效裁判事实清楚、适用法律正确的，应当向当事人做好解释工作，建议其服判息诉。为了承揽案件而怂恿当事人"缠诉"的做法是不可取的。

2. 律师书写再审申请书、准备相应证据时，切忌没有重点、信口开河。一定要简洁明了地指出生效裁决的错误之处，以便法院进行重点审查。

3. 对于没有经过正常一、二审程序的案件，如有的当事人故意不提供被告方的实际联系方式，而仅提供其注册地址，使被告方因不能正常接收法律文书而形成缺席判决的,这类案件获得再审的可能性相对较高。在这种情况下,承办律师一定要指出对方的恶意行为,使法院明晰其中的曲折原委。

## 第五节 特别程序的律师代理

### 一、特别程序概述

特别程序,指与普通程序、简易程序等通常审判程序相对应的,人民法院审理某些非民事争议案件所适用的特殊审判程序。根据《民事诉讼法》的规定,适用特别程序审理的案件具体包括:选民资格案件、宣告失踪或者宣告死亡案件、认定公民无民事行为能力或者限制民事行为能力案件、认定财产无主案件、确认调解协议案件和实现担保物权案件。

特别程序与普通程序、简易程序相比,具有下列特点:

1. 特别程序的性质是对某种法律事实进行确认

特别程序审理解决的不是民事权利义务争议,而是确认某种法律事实是否存在,确认某种权利的实际状况。而按普通程序、简易程序审理的案件,则是要依法解决民事权益冲突,确认民事权利义务关系。

2. 可能没有相对方

特别程序,是因申请或起诉而开始的。申请人或起诉人可能并没有对方当事人。依照普通程序、简易程序审理的案件,则必须有明确的被告。

3. 实行一审终审

按照特别程序审理的案件,实行一审终审,判决书一经送达,立即发生法律效力,申请人或起诉人不得提起上诉。而按照普通程序、简易程序审理的案件，一般都实行两审终审制，只有最高人民法院审理第一审民事案件实行一审终审。

**4. 审判组织特别**

按照特别程序审理的案件，审判组织原则上采用独任制，只有选民资格案件和重大、疑难的案件，才由审判员组成合议庭进行审理。而按照普通程序审理的案件，采用合议庭进行审理；按简易程序审理的简单的民事案件，才由审判员一人独任审判。因此特别程序以独任制为原则，合议庭为例外；非特别程序则以合议庭为原则，独任制为例外。

**5. 不适用审判监督程序**

按照特别程序审理的案件，判决发生法律效力之后，如果发现判决在认定事实或适用法律方面有错误，或者出现了新情况、新事实，人民法院根据有关人员的申请，查证属实之后，可依特别程序的规定撤销原判决，作出新判决。而按照普通程序、简易程序审理的案件，判决生效后，发现确有错误的，必须依审判监督程序提起再审，予以纠正。

**6. 案件审结期限较短**

按照特别程序审理的案件，审理期限较短。根据《民事诉讼法》的规定，人民法院审理选民资格案件，必须在选举日前审结；其他非讼案件应当自立案之日起三十日内或者公告期满后三十日内审结。而按照普通程序审理的案件，应当在立案之日起六个月内审结。有特殊情况需要延长的，由本院院长批准，可以延长六个月，还需要延长的，报请上级人民法院批准。按照简易程序审理的案件，应当在立案之日起三个月内审结。

**7. 免交诉讼费用**

按照特别程序审理的案件，一律免交诉讼费用。而按照普通程序和简易程序审理的案件，不论是财产案件，还是非财产案件，都必须依法缴纳诉讼费用。

## 二、特别程序代理实务

一般民事程序之外,法律也规定了民事特别程序,虽然适用特别程序的案件并不多见,但作为一名称职的律师,在当事人遇到了适用特别程序的案件时,应当把握特别程序与一般程序的区别,并且为当事人选择最为合理的诉讼方案,节省诉讼资源,同时也应维护好当事人的合法利益。

### (一)选民资格案件

1. 申诉

根据《中华人民共和国选举法》的规定,任何公民对选举委员会公示的选民资格名单持有异议,认为选举委员会公布的选民资格名单有错误的,如不具有选民资格的人被列入选民资格名单或者具有选民资格的公民未被列入选民资格名单,均可向选举委员会提出申诉。选举委员会应在三日内处理、决定申诉意见。申诉人如果对处理决定不服,可以在选举日五日以前向人民法院提起诉讼。

2. 管辖

律师代理选民资格案件,需要注意,选民资格案件由选区所在地基层人民法院管辖,该管辖具有专属管辖性质,不允许当事人及人民法院以任何形式进行变更。

3. 起诉

选民资格案件以相关公民向人民法院起诉为开始。在选民资格案件中,起诉人并没有特别的资格限制。

### (二)宣告公民失踪或者死亡案件

1. 公告

律师代理宣告公民失踪或者死亡案件时需要注意,这一类案件与普通民事案件不同，必须由人民法院发出寻找下落不明人的公告，等公告期满后，才可以宣判。

2. 法律后果

法院判决宣告失踪或者死亡后，会产生相应的法律后果，律师应如实告知当事人。例如，法院判决宣告失踪后，该下落不明人即成为失踪人。失踪人的财产应由其财产代管人代管。公民被宣告死亡后与自然死亡的情况相同，会发生遗产继承的情况，与配偶的婚姻关系也从宣告死亡之日起消灭。

### （三）认定公民无民事行为能力或者限制民事行为能力案件

1. 申请

律师代理认定公民无民事行为能力或者限制民事行为能力案件时需要注意，这一类型的案件必须由被申请公民的近亲属或其他利害关系人提出，如果不是由其近亲属或其他利害关系人申请，法院则不予受理。

2. 鉴定

根据《民事诉讼法》的规定，人民法院受理申请后，必要时应当对被请求认定为无民事行为能力或者限制民事行为能力的公民进行鉴定。申请人已提供鉴定意见的，应当对鉴定意见进行审查。不过，律师需要告知当事人，对被申请认定为无民事行为能力人或者限制民事行为能力人进行鉴定，并不是审理此类案件的必经程序。

申请人提供的病历等证据材料能表明被申请人确系精神病人，审判人员通过对被申请人的观察也能予以证实的，可不做医学鉴定。当地不具备鉴定条件的，审判人员可以向当地群众了解被申请人的情况，从而进行认定。但是这种认定应当以利害关系人没有异议为限。

### （四）认定财产无主案件

律师代理认定财产无主案件时需要注意，这一类案件要由人民法院发出认领财务公告，公告期满一年无人认领的，法院判决认定为财产无主。

# 第十三章 行政诉讼中的律师代理

## 第一节 律师代理行政诉讼概述

### 一、律师代理行政诉讼的概念和特征

（一）律师代理行政诉讼的概念

律师代理行政诉讼，是指律师接受行政诉讼当事人或其法定代理人的委托，以被代理人的名义，在被授权的权限范围内，代理当事人参加行政诉讼，从而维护其合法权益。

（二）律师代理行政诉讼的特征

行政诉讼具有明显的单向性，因此，律师代理行政诉讼也具有一些与民事诉讼不同的特点。例如，律师代理行政诉讼具有法律依据广泛性、代理程序独特性等特点。

## 二、律师代理行政诉讼的范围

### (一)《行政诉讼法》规定的受案范围

《行政诉讼法》对行政诉讼的受案范围进行了明确的规定,属于这些案件范围内的可以按照《行政诉讼法》的规定向人民法院提起行政诉讼。①

### (二) 行政复议与行政诉讼的交叉

行政复议,是指公民、法人或者其他组织认为行政机关损害其合法权益,向法定的行政机关提出申请,要求审查具体行政行为合法性的一种行政救济行

---

① 《行政诉讼法》第十二条规定,人民法院受理公民、法人或者其他组织提起的下列诉讼:

(一)对行政拘留、暂扣或者吊销许可证和执照、责令停产停业、没收违法所得、没收非法财物、罚款、警告等行政处罚不服的;

(二)对限制人身自由或者对财产的查封、扣押、冻结等行政强制措施和行政强制执行不服的;

(三)申请行政许可,行政机关拒绝或者在法定期限内不予答复,或者对行政机关作出的有关行政许可的其他决定不服的;

(四)对行政机关作出的关于确认土地、矿藏、水流、森林、山岭、草原、荒地、滩涂、海域等自然资源的所有权或者使用权的决定不服的;

(五)对征收、征用决定及其补偿决定不服的;

(六)申请行政机关履行保护人身权、财产权等合法权益的法定职责,行政机关拒绝履行或者不予答复的;

(七)认为行政机关侵犯其经营自主权或者农村土地承包经营权、农村土地经营权的;

(八)认为行政机关滥用行政权力排除或者限制竞争的;

(九)认为行政机关违法集资、摊派费用或者违法要求履行其他义务的;

(十)认为行政机关没有依法支付抚恤金、最低生活保障待遇或者社会保险待遇的;

(十一)认为行政机关不依法履行、未按照约定履行或者违法变更、解除政府特许经营协议、土地房屋征收补偿协议等协议的;

(十二)认为行政机关侵犯其他人身权、财产权等合法权益的。

除前款规定外,人民法院受理法律、法规规定可以提起诉讼的其他行政案件。

为。行政复议和行政诉讼有相同点，即两者都为救济手段；不同点在于行政诉讼属于司法活动，行政复议属于行政活动，且两者的审理主体、审理方式不同，产生的法律后果也不同。但是按照《行政复议法》《中华人民共和国税收征收管理法》（以下简称《税收征收管理法》）等的规定，特殊情况下，需要先进行行政复议才可以进行行政诉讼，这也被称为行政复议前置案件。[①]

### 1. 行政复议前置案件

律师代理行政诉讼案件时，需要先审查该案件是否需要先进行行政复议，如果属于行政复议前置案件，律师应告知当事人，先进行行政复议再提起行政诉讼。必要时，律师可以帮助当事人提起行政复议。

---

[①] 《行政复议法》第三十条规定，公民、法人或者其他组织认为行政机关的具体行政行为侵犯其已经依法取得的土地、矿藏、水流、森林、山岭、草原、荒地、滩涂、海域等自然资源的所有权或者使用权的，应当先申请行政复议；对行政复议决定不服，可以依法向人民法院提起行政诉讼。

根据国务院或者省、自治区、直辖市人民政府对行政区划的勘定、调整或者征收土地的决定，省、自治区、直辖市人民政府确认土地、矿藏、水流、森林、山岭、草原、荒地、滩涂、海域等自然资源的所有权或者使用权的行政复议决定为最终裁决。

《行政复议法》第十四条规定，对国务院部门或者省、自治区、直辖市人民政府的具体行政行为不服的，向作出该具体行政行为的国务院部门或者省、自治区、直辖市人民政府申请行政复议。对行政复议决定不服的，可以向人民法院提起诉讼；也可以向国务院申请行政复议，国务院依照本法的规定作出最终裁决。

《税收征收管理法》第八十八条规定，纳税人、扣缴义务人、纳税担保人同税务机关在纳税上发生争议时，必须先依照税务机关的纳税决定缴纳或者解缴税款及滞纳金或者提供相应的担保，然后可以依法申请行政复议；对行政复议决定不服的，可以依法向人民法院起诉。

《中华人民共和国商标法》第三十四条规定，对驳回申请、不予公告的商标，商标局应当书面通知商标注册申请人。商标注册申请人不服的，可以自收到通知之日起十五日内向商标评审委员会申请复审。商标评审委员会应当自收到申请之日起九个月内做出决定，并书面通知申请人。有特殊情况需要延长的，经国务院工商行政管理部门批准，可以延长三个月。当事人对商标评审委员会的决定不服的，可以自收到通知之日起三十日内向人民法院起诉。

《中华人民共和国专利法》第四十六条规定，国务院专利行政部门对宣告专利权无效的请求应当及时审查和作出决定，并通知请求人和专利权人。宣告专利权无效的决定，由国务院专利行政部门登记和公告。

**2. 没有复议前置要求的行政案件**

律师代理行政诉讼案件时，如果经审查发现该案件不属于行政复议前置案件，可以按照委托协议的约定，代为提起行政诉讼。

## 三、律师在行政诉讼中的地位

律师在行政诉讼中既具有独立性，又具有一定的从属性。具体表现在：

第一，代理律师是以自己独立的身份参加行政诉讼，虽然是应聘代理诉讼活动，要维护被代理人的合法权益，但不受被代理人或其他任何人的意志左右，只是根据案件的客观事实和国家法律提出有利于被代理人的代理意见。这点与律师代理民事案件要受到代理权限的制约不同，代理律师具有明显的独立诉讼地位。

第二，因为行政诉讼不采用调解的方式，所以代理律师就没有代理参加调解的权利。律师作为代理人，在行政诉讼活动中，只能对被代理人的行为是否违法、处理是否合法发表代理意见，以事实和法律，提请法院作出公正裁决，从而维护被代理人的合法权益。

## 四、律师在行政诉讼中的代理权利和义务

律师在行政诉讼中的代理行为具有特别的权利和义务。

第一，律师作为被告，即行政主体的代理人时，没有代为起诉和提起反诉的权利。

第二，律师作为被告，即行政主体的代理人时，不得自行向原告和证人收集证据。根据《行政诉讼法》及有关规定，在诉讼过程中，被告不得自行向原告和证人收集证据。同样，作为被告诉讼代理人的律师也不能自行向原告和证人收集证据。

第三，律师作为原告或被告代理人时，没有和解权。在行政诉讼中，当事人对行政法律关系的权利、义务无权自由处分，人民法院不能用调解的方式解决行政案件，双方当事人及其诉讼代理人也不能进行和解。

第四，律师作为原告的代理人时，没有举证证明原告的诉讼主张成立的义务。

## 五、律师代理行政诉讼的作用

律师代理行政诉讼具有以下重要作用：

第一，有助于维护公民、法人和其他组织的合法权益；第二，有助于督促行政机关依法行政；第三，有助于人民法院及时准确地审理行政案件；第四，有利于促进行政立法的规范性和合理性。

## 六、律师代理行政诉讼的原则

第一，律师代理行政诉讼案件，应当坚持以法律为准绳的原则，勤勉尽责，恪守律师职业道德和执业纪律，不受行政机关、其他组织和个人的干涉，维护当事人的合法权益和法律的正确实施。

第二，律师代理行政诉讼案件，应当依据当事人的委托，在被委托的权限内依法履行代理职责，不得损害委托人的合法权益。

第三，律师代理行政诉讼案件，应当保守国家秘密和当事人的商业秘密、个人隐私。按有关规定须向主管司法行政机关通报案情，已失密或已解密的除外。

## 七、律师在二审与再审阶段的代理活动

律师代理行政诉讼案件时，二审和再审阶段的工作与一审阶段的工作区别

不大，可以按照一审的程序进行。

## 第二节　律师代理行政复议的工作流程

### 一、代理行政复议申请人

律师如果是行政复议申请人的代理人，应从以下几方面进行代理工作：
1. 审查案件是否属于行政复议的受理范围；
2. 审查确定行政复议的申请期限；
3. 审查确定行政复议的申请人和被申请人，确定行政复议机关；
4. 代理申请行政复议；
5. 协助申请人调取、收集、提交相关证据材料；
6. 查阅被申请人提交的证据材料；
7. 依法申请停止执行。

### 二、代理行政复议被申请人

律师如果是行政复议被申请人的代理人，应从以下几方面进行代理工作：
1. 审查申请人是否适格；
2. 提交书面答复和相关证据；
3. 申请强制执行；
4. 依法提出对停止执行申请的审查意见。

## 第三节　律师代理行政诉讼的工作流程

### 一、诉前准备阶段

（一）审查相关事项

律师进行行政诉讼的诉前准备时，应审查以下事项：
1. 审查案件是否属于人民法院受理行政诉讼案件的范围；
2. 审查原告是否适格；
3. 审查是否超过起诉期限；
4. 审查被告是否适格；
5. 核实管辖法院。

（二）确定诉讼请求

（三）收集相关证据

（四）根据案件需要，提出停止执行申请

### 二、诉讼实施阶段

（一）原告代理律师的工作流程

1. 提交行政起诉状

行政诉讼的诉讼请求分为以下四类：
（1）请求判决撤销或者部分撤销被诉具体行政行为；
（2）请求判决变更显失公正的行政处罚；
（3）对被告不履行法定职责的，请求判决被告在法定期限内履行法定职责；

（4）请求判决确认被诉具体行政行为违法或者无效，并可同时请求被告采取相应的补救措施。

2. 提交有关证据

律师提交相关证据，需要注意以下内容：

（1）证据的来源是否真实、可靠和合法；

（2）证据形成和制作的形式要件是否完备和合法；

（3）证据的内容是否清楚而无歧义，证据能否证明与案件有关的事实；

（4）证据之间能否互相印证，有无彼此矛盾之处；

（5）其他需要审查的内容或形式。

对于被告提交的据以作出具体行政行为的规范性文件，原告代理律师应从以下几个方面进行审查：是否与法律、法规、规章相冲突，是否超越法定权限，是否已被明示或默示废止。

3. 查阅案卷材料

4. 调查、核实证据

5. 准备代理意见

6. 参加法庭审理

## （二）被告代理律师的工作流程

1. 核实起诉的基本条件；

2. 整理、提交证据；

3. 进行书面答辩；

4. 参加法庭审理。

## 第四节　律师代理行政执行和行政赔偿案件

### 一、律师代理执行申请人的工作要点

（一）代理申请强制执行

律师代理申请行政强制执行，需要注意以下内容：
1. 审查案件；
2. 确定执行法院；
3. 提交执行申请书和相关证据；
4. 申请财产保全。

（二）代理申请执行人民法院的生效行政裁判

行政机关应按照法律规定协助律师执行人民法院的生效裁判，如果行政机关拒不执行，律师可以申请法院强制执行。

（三）审查执行中止、终结

律师代理执行申请人时，如果申请人对执行中止、终结有异议，律师需要审查执行中止、终结是否符合法律的规定。

### 二、律师代理被执行人的工作要点

1. 提出执行异议；

2. 申请执行复议；

3. 申请延期执行；

4. 申请执行回转；

5. 依法提出执行中止、终结的意见。

## 三、律师代理行政赔偿案件的工作内容

律师代理行政赔偿案件，应按照以下顺序进行代理工作：

1. 明确承办案件的范围

律师事务所可以接受公民、法人或者其他组织委托办理以下行政赔偿案件：（1）代理委托人向有关行政机关请求赔偿；（2）代理委托人在行政诉讼中一并提起损害赔偿请求；（3）代理委托人提起行政损害赔偿之诉。

2. 协助原告依法确定适格的赔偿义务机关

3. 指导、协助委托人就被诉具体行政行为造成损害的事实收集、调取证据，核算赔偿数额

4. 协助委托人及时准备办理案件的法律文书，参加庭审，举证质证，进行辩论，发表代理意见

# 第十四章 律师办理诉讼外业务概述

## 一、诉讼外业务代理的概念

诉讼外业务代理,是指律师接受当事人的委托,在授权范围内处理当事人诉讼外的法律事务。

诉讼外法律事务具有以下特征:

1. 诉讼外法律事务必须是具有法律意义的事务;
2. 办理这类法律事务的方式必须是不通过诉讼程序的,律师向当事人提供的是诉讼之外的法律帮助;
3. 非诉讼法律事务是基于当事人的委托或者请求而产生的;
4. 律师在办理诉讼外法律事务时,与当事人之间的关系因事而异,可以分为委托代办、委托代理、居间调停等关系。

## 二、律师代理诉讼外法律事务的意义

1. 有助于保护委托人的合法权益;
2. 有助于维护社会的稳定;
3. 有助于提高律师的法律素质;
4. 有助于强化社会的法治环境。

## 第一节 律师代办公证

《公证法》第二条规定："公证是公证机构根据自然人、法人或者其他组织的申请,依照法定程序对民事法律行为、有法律意义的事实和文书的真实性、合法性予以证明的活动。"公证是法律赋予公证机构的一种证明活动,与民间存在的私证相对应。

公证的法律效力有以下三点:

第一,证据效力。经公证的民事法律行为,有法律意义的事实和文书,应当作为认定事实的根据,但有相反证据足以推翻该项公证的除外。《民事诉讼法》第七十二条有相同的规定。最高人民法院《关于民事诉讼证据的若干规定》第九条第六项规定,经有效公证文书所证明的事实,当事人无需举证;第七十七条第一项规定,国家机关、社会团体依职权制作的公文书证的证明力一般大于其他书证。

第二,强制执行效力。对经公证的以给付为内容并载明债务人愿意接受强制执行承诺的债权文书,债务人不履行或者履行不适当的,债权人可以依法向有管辖权的人民法院申请执行。最高人民法院、司法部《关于公证机关赋予强制执行效力的债权文书执行有关问题的联合通知》规定,公证机关赋予强制执行效力的债权文书包括:借款合同、借用合同、无财产担保的租赁合同;赊欠货物的债权文书;各种借据、欠单;还款(物)协议;以给付赡养费、扶养费、抚育费、学费、赔(补)偿金为内容的协议;符合赋予强制执行效力条件的其他债权文书。

第三,有效性。对于法律、行政法规规定必须公证的事项,当事人必须公证,否则,该事项依法不具有法律效力。

根据《公证法》第十一条和第十二条的规定,公证机构办理的业务分为公证事项和相关事务两类。公证事项包括:1. 合同;2. 继承;3. 委托、声明、赠与、遗嘱；4. 财产分割；5. 招标投标、拍卖；6. 婚姻状况、亲属关系、收养关系；7. 出生、生存、死亡、身份、经历、学历、学位、职务、职称、有无违法犯罪记录；8. 公司章程；9. 保全证据；10. 文书上的签名、印鉴、日期，文书的副本、影印本与原本相符；11. 自然人、法人或者其他组织自愿申请办理的其他公证事项。

相关事务包括：1. 法律、行政法规规定由公证机构登记的事务；2. 提存；3. 保管遗嘱、遗产或者其他与公证事项有关的财产、物品、文书；4. 代写与公证事项有关的法律事务文书；5. 提供公证法律咨询。

对于以上公证机构办理的公证事项和相关事务，根据《公证法》第二十六条"自然人、法人或者其他组织可以委托他人办理公证"的规定，律师可以接受当事人的委托，代其办理公证，但是"遗嘱、生存、收养关系等应当由本人办理公证的除外"。《公证程序规则》第十一条规定："当事人可以委托他人代理申办公证，但申办遗嘱、遗赠扶养协议、赠与、认领亲子、收养关系、解除收养关系、生存状况、委托、声明、保证及其他与自然人人身有密切关系的公证事项，应当由其本人亲自申办。"由此可见，律师不得代当事人办理这些与当事人人身有密切关系的公证事项，这些事项必须由当事人本人亲自办理。

律师代办公证作为律师事务所的一项非诉讼业务，律师接受当事人委托后应做到以下几点：

1. 与当事人签订《委托合同书》，明确律师代理的权利和义务；然后，由当事人签署授权书，明确委托权限。

2. 律师要审查当事人需要进行公证的事项及相关文件，注意是否有不符合《公证法》及其有关规定的内容。

3. 到有管辖权的公证机构办理公证。

## 第二节　律师主持或参与调解

律师主持或参与调解，是律师介入调解活动的两种不同的方式。律师主持调解，是指律师应双方或多方当事人要求，作为调解人对发生纠纷的当事人进行疏通劝导，向其阐明法律知识，说服各方当事人互相谅解，做出让步，促使其协商一致，最终解决纠纷。

律师主持调解属于民间调解，律师在调解中处于中间人的地位。而律师参与调解则是指律师接受一方当事人的委托，代理其参加有关机构或组织主持的调解活动。例如，行政机关、人民调解委员会主持的调解活动，律师参与调解的法律地位是一方当事人的代理人。

《律师法》第二十八条的第五、六款，是律师主持或参与调解这一执业行为的法律依据，同时，《民事诉讼法》、最高人民法院《关于人民法院民事调解工作若干问题的规定》、司法部《人民调解工作若干规定》是律师主持或参与调解活动的法律根据。

### 一、律师主持调解

律师主持调解，作为律师非诉讼的执业活动，是有别于司法调解、行政调解的一种民间调解，主要是利用律师的法律专业知识和技能，从中间人的角度，居中评价争议双方或多方的是非曲直，促使当事人互相理解和妥协，达成各方都能接受的协议。律师主持调解时的调解权，来源于双方或多方当事人的自愿委托，不带有任何强制性。调解必须是当事人自愿的，律师不能借助其身份强制当事人进行调解，更不能在调解中利用自身的法律知识袒护一方当事人。

律师主持调解达成的调解协议，具有合同的法律效力，是当事人之间的一种法律行为，能够引起当事人之间某种实体法律关系的设立、变更或终止。

若当事人一方反悔，可以参照最高人民法院《关于审理涉及人民调解协议的民事案件的若干规定》第二条的规定，向人民法院起诉请求变更、撤销协议或确认协议无效；一方拒不履行的，另一方有权按上述法律规定向法院起诉。

## （一）律师主持调解的条件

1. 为非诉讼纠纷案件，且案件事实基本清楚，权利义务关系明确，证据确凿充分；
2. 当事人双方对协商解决纠纷有诚意，并同意律师居中调解；
3. 当事人具有履行协议的实际能力。

## （二）律师主持调解的范围

律师主持调解的范围相当广泛，只要是非诉讼法律事务纠纷，律师都可以主持调解，具体包括：

1. 普通的民事纠纷和轻微的刑事案件；
2. 民、商事合同纠纷和其他民、商事纠纷；
3. 劳动争议纠纷。

## （三）律师主持调解的程序

有关律师主持调解的程序问题，法律没有明确规定。律师实务中，律师主持调解的基本程序和方法如下：

1. 准备阶段

（1）办理委托手续。律师接受当事人双方或多方委托，要与委托人签订委托合同。在办理委托手续时讲明律师主持调解的含义、性质、要求、作用等，以便使各方当事人明确其权利义务关系，摆正当事人与律师之间的关系。

（2）了解事实真相。对所调解案件纠纷的起因、经过和双方的要求等进行全面了解,以便掌握当事人争执的焦点和各自的立场、态度,分析各方当事人对调解的态度及认识的差距。

2. 调解阶段

首先,律师要说明自己的身份,宣传非诉讼调解的意义、原则及双方应持的正确态度。由非诉讼当事人分别介绍纠纷的原因、经过和后果,并提出各自的主张。其次,律师向各方当事人阐明有关法律对处理此纠纷的规定及各自应承担的法律责任。向当事人讲明利弊,促使各方提出方案。最后,律师就各方提出的调解方案进行说和,给出各方都能接受的调解意见。

3. 协议阶段

经律师主持的调解能达成协议的,应制作调解协议书。协议书既可以由律师起草,征求当事人意见后定稿,也可以由当事人一方起草后,交律师及各方修改定稿;既可以由承办律师记录在案,也可以由各方当事人、律师各执一份。其格式大致包括下列几个方面:

(1) 当事人的自然情况。一般应称为当事人,不宜称为原告或被告。

(2) 纠纷的起因、经过、是非责任。内容要明确、具体,既要忠于事实真相,又要符合法律政策要求。

(3) 律师主持调解的时间、地点,参与协助调解的相关人员。

(4) 协议的具体内容,即当事人各自应享受的权利和应承担的义务。这是调解协议书的核心部分,要明确、具体,以便今后履行。

(5) 协议生效期限和双方履行完毕的最后期限。在当事人签名盖章后,由律师签名盖章。有协助调解人的,也应该在协议上签名盖章。

4. 履行阶段

对于双方当事人同意由主持调解的律师负责执行的,主持调解的律师要按协议负责执行。在执行时,如出现不能执行的情况需要对协议进行修改的,要及时进行修改。对于能够执行的协议,在执行时要做好执行笔录,由在场执行的人签字,然后入卷。

## 二、律师参与调解

律师参与调解，是律师根据委托人的授权，以委托人代理人的身份，与对方当事人进行和解，或参加有关机构组织的调解活动。当事人的纠纷发生后，尚未将纠纷提交有关机构处理，或虽然提交有关机构但尚未达成调解协议时，律师代理委托人与对方当事人平等协商，达成和解协议，以和解的方式解决纠纷。当事人的纠纷已经提交有关机构处理的，如行政机关、人民调解委员会，律师在有关机构的组织下代理委托人参加调解，促使双方当事人达成调解协议，以调解的方式解决纠纷。

律师在参与调解活动时，应注意以下问题：

1. 应与委托人订立委托代理合同，明确代理权限；
2. 应在弄清案件事实、明确是非界限的基础上代理参加调解活动；
3. 应在代理权限范围内，尽力维护委托人的合法权益；
4. 应妥善处理非诉讼调解终结后的有关事务。

## 第三节　律师见证

对于律师见证，目前的法律法规并无具体、明确的规定。律师开展见证业务，比较直接的根据是《律师法》第二十八条第六款的规定："接受委托，提供非诉讼法律服务。"律师见证是应法律服务市场的需求而产生的一项律师非诉讼业务，特别是在涉外民事活动中，律师出具的见证意见书往往是必不可少的法律文件，是公证之外的另一种证明形式。

## 一、律师见证的概念及法律特征

律师见证,是指律师应当事人的申请,根据自己的亲身所见,以律师事务所的名义,依法对法律事件或法律行为的真实性、合法性进行证明。

律师见证具有下列法律特征:

1. 见证的主体是律师。
2. 见证是一种对法律事实的确认。
3. 见证的时间与空间有着严格的限制。所谓见证时间,是指对见证行为发生之时进行见证;所谓见证空间,是指律师亲眼所能见到的范围,律师见证的时间与空间都不能超出这个范围。
4. 律师具有独立的地位。

## 二、律师见证的原则

根据法律法规确立的法律原则和律师实务的经验,律师见证应遵循以下原则:

1. 自愿原则。自愿原则是指律师的见证工作要在当事人自愿的情况下进行。
2. 直接原则。直接原则是指律师应该直接参加见证事件,而不是通过视频、电话、信件等间接方式进行见证。
3. 客观原则。客观原则是指律师的见证应秉持客观、公正的态度,律师不能因个人好恶或主观经验进行判断。
4. 回避原则。回避原则是指律师不得办理与本人、配偶或本人、配偶的近亲属有利害关系的见证业务。

## 三、律师见证的效力

1. 约束效力

律师见证,对当事人具有一定的约束力。因为当事人既然自愿申请见证,而且所见证的法律行为也具有真实性、合法性,那么当事人就不得对已见证的事项随意变更、修改或废止,而应自觉履行。

2. 证据效力

律师见证,是律师以自己专业人员的身份和法律专业知识,以律师和律师事务所的名义,从第三者的角度,客观公正地证明当事人所为的一定的法律行为,这不仅在客观上使被见证对象具有真实性和合法性,同时还使其具有一定的可信性。因此,当发生纠纷引起诉讼时,律师见证通常可作为认定事实、确定当事人之间权利义务关系的证据。

## 四、律师见证的范围

律师见证应侧重于对法律行为进行见证,而对某些不以人的意志为转移的法律事件则不宜进行见证。

实务中律师见证的业务主要有以下几个方面:

1. 各类民、商事合同的签订与履行的行为。
2. 公司(企业)章程、董事会决议、股权转让协议等法律文书。
3. 委托代理等民事法律关系。律师不得见证法律法规、行政规章规定强制公证的事项,也不得见证法律法规禁止见证的事项。

## 五、律师见证的程序

1. 接受当事人的委托，签订委托见证合同
2. 审查

律师接受委托后，应对当事人提供的材料认真进行审查分析，具体包括：

（1）核实当事人的主体资格；

（2）审核见证事项的合法性；

（3）审查见证事项的真实性。

律师进行见证要查明当事人提供的材料的真实性，确定其意思表示真实、明确，没有欺诈、胁迫、乘人之危和重大误解等情形。

3. 见证

律师要按照见证合同进行见证。

4. 出具见证意见

对经律师见证，见证事项真实、合法的，律师应在委托见证合同约定的期限内出具律师见证书。律师应当在见证书上签名，律师事务所应当在见证书上盖章。

## 六、律师见证书

律师见证书是律师开展见证业务所使用的法律文书，其内容结构主要由首部、正文、尾部三部分组成。

1. 首部

包括标题、文书编号、委托见证人的身份情况等。

2. 正文

这是见证书的主体部分，可依次写清见证事项、见证过程、见证结论和法律依据四项内容。

### 3. 结尾

应在右下方按顺序分行写出律师事务所的全称,由两名见证律师签字盖章,并在见证书的年、月、日上加盖律师事务所的公章。

律师在办理见证业务的过程中应当做到严谨、认真,履行好自己的审慎义务,不要盲目出具律师见证书,只要做到"以事实为依据,以法律为准绳",把自己归之于法律的框架内,便可有效规避自己执业活动中可能存在的风险。

## 第四节 律师资信调查

### 一、律师资信调查的概念

律师资信调查,是指当事人为预防风险,保障其投资、经营的安全,委托律师代理其对他方的资产状况和商业信誉进行考察和了解的一项非诉讼业务。律师进行资信调查,是律师发挥职业优势、行使调查权、为当事人提供法律服务的一个主要的执业活动。所谓资信,是指被调查对象的资金能力和信誉状况。根据律师实务,资信调查的内容主要包括以下几个方面:

1. 被调查对象的基本情况

即被调查对象的主体资格、法律地位和行为能力。如果被调查对象是经济组织,还应当包括该组织是否具备法人资格,企业的组织形式、注册资本、经营范围等。如果被调查对象是自然人,则应当查明:(1)出生日期;(2)身份证件、签发日期;(3)户籍所在地;(4)居住地;(5)家庭基本情况;(6)毕业处所;(7)工作处所;(8)有无犯罪记录;(9)个人信誉情况及有关职能部门评价。

2. 被调查对象的资本状况

包括注册资本总额、实有资本及其对外债权债务、经济效益情况、生产能力和技术设备力量等内容。

3. 被调查对象的经营情况

4. 被调查对象的商业信誉情况

5. 被调查对象的财产担保情况

## 二、律师资信调查的途径

律师资信调查主要是通过被调查对象所在的商务机构、企业登记机构、金融机构、信息咨询机构，或通过当地的律师事务所、中国驻外使领馆、被调查对象的有关客户等途径进行的。律师资信调查的目的在于为委托人的投资和经营活动提供可靠的参考依据，因此，在调查结束时，律师应向委托人提交书面材料，将调查结案报告给委托人。

## 第五节 法律咨询

## 一、法律咨询的概念和范围

法律咨询，是指律师对当事人就有关法律问题的询问进行解释、说明，以及提供解决该问题的意见、方案、建议的一种业务活动。根据《律师法》第二十八条第七款的规定，解答法律询问是律师的一项重要职责，也是律师运用法律知识向社会提供法律服务的一种普遍方式。

人们在社会生活中，可能遇到各种各样的法律问题需要请求律师予以解答，因此，法律咨询的范围是非常广泛的，咨询者不仅可以是国家机关、企事业单位、社会团体或我国公民，而且还可以是外国法人、外国组织和外国公民；咨询的问题，可能是有关婚姻家庭的，可能是有关诉讼、非诉讼纠纷方面的，也可能涉及刑法、民法、经济法、婚姻法、各种诉讼法、劳动法、行政法等，还可能涉及国家方针、政策、国际惯例与规则等。因此，律师要加强自身业务的学习，提高业务水平，为当事人提供高水平的法律咨询服务。律师在解答法律询问时既要注意法律咨询内容的广泛性，同时也应当确立解答法律询问的重点，其中，解答有关刑事、民事、经济、行政法律和诉讼程序的问题，特别是对已经或者可能形成诉讼的具体事件提供法律上的意见是律师法律咨询的重点。同时要避免"有问必答，有求必应"，避免把非法律的问题列入法律询问的范围。此外，对于有些仍然靠政策调整解决和处理的问题，也应当列入解答法律询问的范围，否则，就会使一部分咨询者失去获得法律保护的可能性。

## 二、法律咨询的方法

律师解答法律询问，有口头解答和书面解答两种方法。其中，口头解答是一种主要的方法，而书面解答则属于特殊情况。口头解答是律师对于咨询者提出的问题，用口头方式予以回答；书面解答是律师根据法律和政策，以书面形式解答咨询者提出的问题。

## 第六节 代书

### 一、代书的概念、特征和意义

（一）代书的概念和特征

代书即律师代写法律文书，是指律师根据委托人的合法意思，依据事实和法律，以委托人的名义代替委托人书写诉讼文书和有关法律事务的其他文书的行为。根据《律师法》的规定，代写诉讼文书和有关法律事务的其他文书是律师的一项主要业务，其法律特征主要包括：

1. 律师代书必须以委托人的名义，并反映委托人的合法意思；
2. 律师代书必须根据事实和法律；
3. 律师代书所产生的法律后果由委托人承担；
4. 律师代写的是法律事务文书，或是与国家法律的执行有直接关系的文书，如代写起诉状、合同、遗嘱等。

（二）律师代书的意义

代写诉讼文书和有关法律事务的其他文书，是律师从法律上帮助公民维护其合法权益的一种方式。其重要性表现在以下几个方面：

1. 代书是从法律上维护当事人合法权益的一种方式；
2. 律师代书为审判工作提供了有利条件；
3. 律师代书可以起到宣传法律、提高群众法制观念的作用，律师的每项代书业务，无不涉及法律、政策。

## 二、代书的范围

律师代书的范围十分广泛。根据法律事务的不同性质,律师代写的法律事务文书可以分为以下两类:1. 诉讼文书;2. 有关法律事务的其他文书,通常也称"非诉讼法律事务文书"。

## 三、代书的基本要求

律师代书,既不是机械地"录事"或简单地"代笔",也不是文学创作,而是一项法律性、政策性很强的律师业务。律师代书质量的优劣,不仅直接关系到委托人的合法意思是否能够得到充分反映,而且能够直接反映出律师的业务水平,并在一定程度上影响律师的信誉和律师工作的顺利开展。因此,律师代书必须遵守以下基本要求:1. 目的明确、中心突出;2. 内容客观、理由充分;3. 用语准确、逻辑严密;4. 层次分明、格式规范。

# 第七节 律师参与仲裁

## 一、仲裁概述

### (一)仲裁的概念

仲裁是依法成立的仲裁机构对双方当事人的仲裁纠纷根据一定的规则和

程序进行裁决的一种机制（手段）。仲裁也可指发生争议的各方当事人自愿达成协议，将他们之间的纠纷提交一定的仲裁机构裁决的一种方法。

（二）仲裁与诉讼的区别

1. 受理案件的依据不同

诉讼过程中，一方当事人向有管辖权的法院起诉，法院依法受理后，另一方必须应诉；而通过仲裁委员会申请仲裁，则必须要有仲裁协议，即合同中订立仲裁条款或纠纷发生前和纠纷发生后双方当事人达成的请求仲裁的协议。

2. 审理案件的组成人员不同

诉讼案件的审判员根据案件的不同类型由法院指定，不能由当事人自行选择，但有法定理由当事人可以申请回避；而仲裁案件，除双方当事人可以协商选定仲裁委员会、约定仲裁庭的组成人数外，当事人有权选定仲裁员。[1]

3. 审理案件的方式不同

法院开庭审理一般公开进行，涉及个人隐私的案件，可以不公开审理；仲裁庭审理案件一般不公开进行，以有利于保护当事人之间的商业秘密和维护其商业信誉。

4. 处理结果不同

我国法院实行两审终审制，对已经发生法律效力的判决，发现确有错误，可适用审判监督程序；我国仲裁委员会则实行一裁终局制，并适用司法监督程序。

5. 审理程序及当事人的能动作为不同

诉讼过程中当事人应当严格按照诉讼法的规定进行诉讼；仲裁过程中当事人则有较大的处分权，几乎每一步骤当事人都能主动作为，如约定由三名仲裁员还是一名仲裁员组成仲裁庭，是否开庭审理等等，都可由当事人自由选择，不得强迫当事人。

---

[1] 崔雪莹：《我国仲裁与民事诉讼的比较研究》，《长江丛刊》2020年第5期。

### (三) 仲裁的类型和原则

1. 仲裁的类型

(1) 按照纠纷类型的不同，仲裁可以分为财产仲裁、劳动仲裁和人事仲裁等。

(2) 按照仲裁机构类型的不同，仲裁可以分为国内仲裁和涉外仲裁（国际仲裁）。①

2. 仲裁的原则

(1) 自愿原则；(2) 以事实为根据，以法律为准绳原则；(3) 依法独立裁决原则；(4) 不公开原则；(5) 或裁或审原则；(6) 一裁终局原则。②

### (四) 处理仲裁的法律法规

法律法规：(1)《仲裁法》；(2)《民事诉讼法》；(3)《中华人民共和国劳动法》；(4) 仲裁相关行政法规和规章；(5) 国务院办公厅《关于完善仲裁制度提高仲裁公信力的若干意见》；(6) 国务院《中华人民共和国企业劳动争议处理条例》；(7) 劳动部《劳动人事争议仲裁办案规则》等。

司法解释：(1)《最高人民法院关于适用〈中华人民共和国仲裁法〉若干问题的解释》；(2)《最高人民法院关于适用〈中华人民共和国民事诉讼法〉的解释》；(3)《最高人民法院关于仲裁司法审查案件报核问题的有关规定》；(4)《最高人民法院关于审理仲裁司法审查案件若干问题的规定》；(5)《最高人民法院关于人民法院办理仲裁裁决执行案件若干问题的规定》等。

仲裁规则：(1)《中国国际经济贸易仲裁委员会仲裁规则》；(2)《中国海事仲裁委员会仲裁规则》；(3)《承认和执行外国仲裁裁决公约》（1958年纽约公约）等。

---

① 加里·B. 博恩著，白麟、陈福勇译：《国际仲裁：法律与实践》，商务印书馆，2015。

② 朱宣烨：《仲裁法实务精要与案例指引》，中国法制出版社，2015。

## 二、律师参与仲裁的注意事项

### （一）仲裁范围

平等主体的公民、法人和其他组织之间发生的合同纠纷和其他财产权益纠纷，可以仲裁。律师在起草仲裁协议时，应确保拟提交仲裁的争议属于可以仲裁的范围，需要注意下列纠纷不能仲裁：一是婚姻、收养、监护、扶养、继承纠纷；二是依法应当由行政机关处理的行政争议。

律师还应当注意，政府机关等行政组织，以平等市场主体身份参与缔约，若产生前款所述之纠纷，是否可以提交仲裁，仍在立法讨论阶段，实务中应当结合是否有利于公平诚信、市场秩序以及当事人权益等，综合判断。①

### （二）仲裁协议及效力

第一，仲裁协议的形式。仲裁协议包括合同中订立的仲裁条款和以其他书面形式在纠纷发生前或者纠纷发生后达成的请求仲裁的协议。

"其他书面形式"的仲裁协议，包括以合同、信件和数据电文（包括电报、电传、传真、电子数据交换和电子邮件）等形式达成的请求仲裁的协议。②

第二，仲裁协议的内容。仲裁协议应当具有下列内容：（1）请求仲裁的意思表示；（2）仲裁事项；（3）选定的仲裁委员会。这里的仲裁事项指仲裁协议中约定的通过仲裁方式解决的争议内容或范围。当事人概括约定仲裁事项为合同争议的，基于合同成立、效力、变更、转让、履行、违约责任、解释、解除等产生的纠纷都可以被认定为仲裁事项。律师在起草仲裁协议时，应当充分审查仲裁事项，避免因仲裁事项约定不明确而导致仲裁协议无效的情形。③

---

① 李广辉：《律师事务与仲裁法学》，暨南大学出版社，2009。
② 王梦露：《网上仲裁协议的形式效力研究》，《西部学刊》，2020年第24期。
③ 桂艳：《仲裁协议效力的扩张及其认定》，《人民司法》2020年第5期。

第三，仲裁协议无效。导致仲裁协议无效的情形包括：（1）约定的仲裁事项超出法律规定的仲裁范围的；（2）无民事行为能力人或者限制民事行为能力人订立的仲裁协议；（3）一方采取胁迫手段，迫使对方订立仲裁协议的；（4）仲裁协议对仲裁事项或者仲裁委员会没有约定或者约定不明确的，当事人达不成补充协议的；（5）当事人约定争议可以向仲裁机构申请仲裁也可以向人民法院起诉的，仲裁协议无效，但一方向仲裁机构申请仲裁，另一方未在仲裁庭首次开庭前提出异议的除外；（6）仲裁协议约定两个以上仲裁机构的，当事人不能就仲裁机构选择达成一致的；（7）仲裁协议约定由某地的仲裁机构仲裁且该地有两个以上仲裁机构，当事人不能就仲裁机构选择达成一致的。

律师应当注意，在实务中，在不具有涉外因素的民、商事交易中约定境外仲裁或境外仲裁机构仲裁的仲裁协议，可能被人民法院认定为无效。律师在办理仲裁业务时，还应注意仲裁协议的独立性，即仲裁协议的效力独立于合同本身的效力，不因合同本身效力而受到不利影响。[1]

## （三）正确选择仲裁机构

律师应充分了解相关法律及司法解释对于选定仲裁机构的规定，选定具体明确的仲裁机构，避免因未约定仲裁机构或仲裁机构约定不明而可能导致仲裁协议无效的情形。

以下情况属于选定了仲裁机构：（1）仲裁协议约定的仲裁机构名称不准确，但能够确定具体的仲裁机构的；（2）仲裁协议仅约定纠纷适用的仲裁规则，但当事人达成补充协议或者按照约定的仲裁规则能够确定仲裁机构的；（3）仲裁协议约定两个以上仲裁机构，当事人达成协议选择其中的一个仲裁机构申请仲裁的；（4）仲裁协议约定由某地的仲裁机构仲裁且该地仅有一个仲裁机构的，该仲裁机构被视为约定的仲裁机构；（5）仲裁协议虽约定了两个

---

[1] 王静：《从司法实践看仲裁协议有效性准据法确定规则》，《安徽理工大学学报（社会科学版）》2020 年第 22 期。

或以上的仲裁机构，但是在当事人提起仲裁请求之时能够确定由哪个仲裁机构管辖的。

以下情况属于未选定仲裁机构：（1）仲裁协议约定的仲裁机构名称不准确，且无法确定具体的仲裁机构的；（2）仲裁协议仅约定纠纷适用的仲裁规则，且当事人未能就选定仲裁机构达成补充协议或者按照约定的仲裁规则无法确定仲裁机构的；（3）仲裁协议约定两个以上仲裁机构，且当事人不能就仲裁机构选择达成一致的；（4）仲裁协议约定由某地的仲裁机构仲裁，该地有两个以上仲裁机构，且当事人不能就仲裁机构选择达成一致的。①

我国法律采用"机构仲裁"制度，但律师代理仲裁案件，应关注国家对"临时仲裁"的试点情况和有关立法的变化。

### （四）确认仲裁协议的效力

当事人对仲裁协议的效力有异议的，可以依法请求仲裁委员会作出决定或者请求人民法院作出裁定。②一方请求仲裁委员会作出决定，另一方请求人民法院作出裁定的，由人民法院裁定。在人民法院尚未作出裁定前，律师在征求委托人的意见后，可以将人民法院受理的情况告知仲裁庭，并结合仲裁规则，建议或申请仲裁机构将此仲裁案件中止。当事人如对仲裁协议的效力有异议，应当在仲裁庭首次开庭前提出。当事人约定书面审理的，应当在首次答辩期限届满前以书面形式提出。

律师应当充分向当事人说明：在仲裁程序中未对仲裁协议的效力提出异议，或在仲裁程序中以实际行动接受了仲裁协议效力的（如主动提起仲裁的一方），在仲裁裁决作出后，以仲裁协议无效为由主张撤销仲裁裁决或者提出不予执行抗辩的，人民法院将不予支持。律师应告知委托人，若其未能在仲裁庭首次开庭前对仲裁协议的效力提出异议，而是之后向有管辖权的人民法院申请确认仲

---

① 牛鹏：《仲裁协议中仲裁机构约定不明的认定》，《湖北经济学院学报》2021年第19期。

② 刘清启：《合同仲裁条款效力的司法审查》，《人民司法》2020年第14期。

裁协议无效，人民法院将不予受理。当事人未按规定提出异议的，视为承认仲裁机构对仲裁案件有管辖权。

### （五）正确选定仲裁员

律师应当协助委托人按照仲裁的规则和规定选定仲裁员，并注意以下事项：（1）尽量选择熟悉相关专业知识的仲裁员，以便更迅速、准确地抓住争议的焦点，分清是非责任，提出解决争议的最佳方案，从而提高仲裁效率和质量；（2）应避免选择具有符合法定回避情形的仲裁员，若因回避而使整个仲裁程序中止，则将延长仲裁的时间，甚至出现仲裁裁决被人民法院认定重新仲裁、不予执行和被撤销的风险；（3）必须在规定的时间内选择仲裁员，若当事人未在仲裁规则规定的有效期限内选定仲裁员，仲裁机构将视为当事人自动放弃该项权利，由仲裁委员会主任指定仲裁员组成仲裁庭；（4）当事人选择仲裁员时应充分考虑仲裁员是否与案件所涉领域相关，是否有充分的办案时间，迅速、高效地进行裁决。①

## 三、律师参与仲裁的主要程序

律师参与仲裁的主要程序基本同律师的民事诉讼代理程序一致。具体包括以下程序：

### （一）审查仲裁协议

律师接受仲裁委托后应注意对以下两个方面进行审查：第一，是否存在仲裁协议；第二，该仲裁协议是否合法有效。

---

① 杨荣宽、何江文：《当前仲裁机制存在的问题及完善建议》，《中国法治文化》2015年第3期。

## （二）代理提起仲裁或代理答辩

律师在申请仲裁前应审查委托人的身份信息，合理确定当事人，拟定仲裁申请书，编制证据目录，在仲裁时效届满前向仲裁协议选定的仲裁机构提起仲裁。仲裁申请书应当载明下列必要事项：（1）当事人的姓名、性别、年龄、公民身份号码、职业、工作单位和住所，法人或者其他组织的名称、住所和法定代表人或者主要负责人的姓名、职务，以及电话号码、传真、电子邮件地址和其他可能的联系方式。若约定了送达地址和方式的，应一并写明。（2）仲裁请求和所根据的事实、理由。尽量明确支持仲裁主张的相关证据、法律依据或者法律论证。（3）证据和证据来源，证人姓名、住所和联系方式。[1]

律师担任被申请人的代理人时，应在收到被申请人仲裁申请书的副本后，在仲裁规则规定的期限内向仲裁委员会提交答辩书。被申请人未提交答辩书，不影响仲裁程序的进行。答辩书应当由被申请人或者被申请人特别授权的代理人签名或者盖章，并载明下列事项：（1）被申请人的基本情况，尽量明确当事人的联系方式、送达地址；（2）意见和事实、理由，尽量明确支持答辩主张的相关证据、法律依据或者法律论证。

## （三）调查收集证据材料并举证

每一方当事人都应对其仲裁请求或答辩所依据的事实负举证责任。当事人应当在仲裁规则规定的期限内完成举证，逾期举证的，可能承担举证不能的不利后果。律师了解案情后，如认为事实不清、证据不足，应向委托人说明情况并在征得委托人同意后，按照法律法规、司法解释、仲裁规则及律师行业相关规范进行调查和固定证据，以及向仲裁委员会申请证据保全或向仲裁庭申请调取证据。调查内容和目的可告知委托人，调查时可请委托人提供线索和证人名单，请求委托人配合并提供必要的帮助。在调查取证之后，律师需要在规定的时间内进行举证，需要公证的证据应该公证，如果是书证，应当举示原件，物

---

[1] 袁怀军：《中国律师公证与仲裁法学》，西南交通大学出版社，2012。

证应当举示原物。举示原件或者原物确有困难的，可以根据仲裁规则的规定举示复制品、照片、副本或者节录本，但应当说明来源并与原件、原物核对或者鉴定无误。①

### （四）参加仲裁审理

#### 1. 开庭前准备

律师应当在开庭前进行充分阅卷，拟定庭审思路；进一步熟悉有关法律法规、仲裁规则、商业习惯；确定是否申请司法鉴定以及申请证人、专家辅助人出庭；拟定庭审提纲。当事人约定书面审理的，除及时举证外，还应及时发表书面质证意见，就案件发表书面代理意见。仲裁庭开庭审理前，律师还应充分与委托人交换意见，熟悉案情，分析证据，说明举证责任，明确请求、反请求及答辩内容，介绍庭审程序，沟通庭审策略，以便庭审时与委托人相互配合。②

#### 2. 延期开庭申请或者程序异议

律师在收到开庭通知后，如发现与其他庭审工作相冲突等特殊及突发情况，应当及时向仲裁秘书提出延期开庭申请，并提交相应证明材料。

律师不仅要熟悉相关的仲裁规则和仲裁程序，还要熟悉受理仲裁的仲裁机构的仲裁员守则，如发现仲裁过程中任何不符合仲裁规则和仲裁程序的做法，应及时告知委托人，并及时向仲裁机构提出异议，充分维护委托人的权益。

律师如发现仲裁庭审理的范围超过仲裁请求的范围，应当及时告知委托人，以便采取相应的对策，或补充提出仲裁请求，或向仲裁庭提出异议。

#### 3. 提交文件

律师应按照法律和仲裁规则的要求向仲裁庭提交申请文件或答辩文件，并及时提交补充文件。律师应提前认真拟好开庭提纲和询问提纲，提高庭审效果和效率。

---

① 李祖军、林蜀鲁：《律师实务教程》，中国人民大学出版社，2013。
② 韩健：《商事仲裁律师基础实务》，中国人民大学出版社，2014。

**4. 举证质证**

律师应根据仲裁规则的规定和仲裁庭的要求，按指引就自己主张的事实举证，对对方提供的证据的真实性、合法性、关联性以及证明力进行分析和质证，充分发表质证意见。

律师质证时，应区分形式上的真实性、合法性、关联性和实质上的真实性、合法性、关联性，区分证明目的与关联性之间的关系，说明对真实性、合法性、关联性存有异议的理由。

**5. 辩论和最后陈述**

律师在庭审中可以充分发表辩论意见，服从仲裁庭的决定，辩论终结后引导或代表委托人发表最后陈述意见。

**6. 申请执行**

律师接受有关执行仲裁裁决或调解文书的委托，应审查仲裁裁决、调解文书的签收送达凭证、生效凭证以及申请执行的期限，并在委托人的配合下准备相关的法律文件，向被执行人住所地或者被执行的财产所在地的中级人民法院及其指定的基层人民法院提出申请。

总之，仲裁作为除诉讼外解决纠纷的另一途径，在当今社会发挥着独特而重要的作用。在仲裁案件中，律师作为代理人，可以通过自己的专业水平维护当事人的合法权益。律师通过充分熟悉仲裁程序，合理运用仲裁策略和技巧，在仲裁程序中体现出自己的专业和细致；同时，通过自己认真的态度和专业性去说服仲裁庭。因此，律师的专业化和规范化水平直接影响了仲裁案件程序的顺利推进，对维护当事人的合法权益和维护仲裁行业的健康发展都有重要的影响。作为一名律师，应更加努力地提高专业水平和研究深度，以饱满的热情和精湛的技能为当事人提供服务，在办案过程中助力司法公正和社会公平。

## 第八节　律师参与企业合规业务

近年来，企业合规越来越受到关注和重视，一方面，国家政府机关加大了对企业的执法检查力度，从反不正当竞争、反垄断等的传统执法领域，不断拓展至企业安全生产监督、互联网信息数据管控等；另一方面，过去一些尚未被政府立法及执法触及的企业角落也都陆续被纳入需要"依法合规"的视线中。这些都给中国的律师们提供了一个广阔的市场，不仅过去就关注合规建设的外企更加重视"依法合规"，业务众多的国企也不得不补齐过去的短板，重新搭建规范的合规制度及环境，不少民营企业也急于摆脱过去家族式管理的形象，通过推进合规体系建设达成转型。2021年6月3日，最高人民检察院、司法部、财政部等多个部门联合研究制定了《关于建立涉案企业合规第三方监督评估机制的指导意见（试行）》（以下简称《指导意见》），同时发布了四个企业合规改革试点典型案例。《指导意见》第十七条规定，第三方组织组成人员系律师、注册会计师、税务师（注册税务师）等中介组织人员的，在履行第三方监督评估职责期间不得违反规定接受可能有利益关系的业务。这一条规定为律师在企业中开展合规业务提供了法律基础。[①]

然而，做好企业合规管理，无论对企业还是律师都并非易事。

企业合规对律师有着更高的要求，它不同于一般企业聘任的法律顾问或法务部门所从事的防范"一般法律风险"业务，而是专门针对行政监管处罚风险、刑事法律风险以及国际组织制裁风险所建立的，自我监管、自我报告、自我预防和自我整改的公司治理体系。在企业合规业务中，不仅需要企业和律师双方就合规思维达成共识，还需要在合规方案的设计乃至推行过程中，有效地将相关合规制度融入企业生产经营的过程中，并不断结合法律动态政策的变化进行

---

① 中国人民大学律师学院组：《企业法律风险管理律师实务》，法律出版社，2014。

方案迭代。这期间,不仅需要律师转变立场,运用企业经营的视角来评判风险,发现可执行路径,更要求企业积极开放,接受律师作为企业合作的一员,共同推进企业的合规转型。[1]

具体来说,律师在企业合规业务中,应重点从事以下三方面业务:

## (一)建立合规组织体系

建立合规组织体系是完善企业内部治理结构的重要内容。合规组织体系一般包括四个部分:

一是建立合规管理委员会。合规管理委员会设立在董事会之下,与审计委员会地位相当,由公司高管担任委员会成员。

二是设立首席合规官。首席合规官属于公司的高级管理人员,通常由公司的总法律顾问或法务总监担任。

三是设立合规部。合规部的负责人是首席合规官,首席合规官领导合规部下属的反商业贿赂合规部、数据保护合规部、合规组织管理部等合规部门的总体工作。

四是在合规部下设若干合规专员,负责各部门的合规管理工作。[2]

## (二)制定公司的"合规宪章"

要打造有效的合规计划,首先需要协助企业制定合规章程或合规宪章。合规宪章是公司最高法律效力的文件,具有公司章程的地位,载明公司合规的基本理念、基本原则、基本框架,上至董事会和高管,下至各分公司和各部门,都要受到合规宪章的约束。合规宪章的打造既可以在总章程中设专章进行,也可以单独制定一部专门的公司合规宪章。

---

[1] 胡建伟:《法治化营商环境视阈下律师参与企业合规管理的价值及功能分析》,《中国司法》2022 年第 3 期。

[2] 刘春松:《律师角度的企业合规分析》,《法制博览》2022 年第 9 期。

### （三）对企业进行合规培训

合规培训可以分为定期全员培训和不定期专门培训，培训要做好书面或电子记录，要求全体员工签署《合规承诺》，严格遵守行业规范，重合同、守信用、规范有序、公平竞争，全面提高依法治企的能力。同时做好内部政策沟通，企业高层和合规部门应将合规政策和程序传达给每一位员工，要求后者做出合规承诺，也可以定期传达企业合规政策和合规进展的动向，推广"合规经营"的理念和文化。①

总之，做好合规工作不仅要求律师深谙民事、刑事、行政法律法规和科学的调查方法等，还要求律师熟悉商事法律法规，关注企业所在行业的发展趋势与相关政策，理解企业的管理运行模式、企业内在的合规需求、企业为合规管理所能负担的成本等。这样才可能为企业搭建适合其自身发展需求的合规体系且不超出企业自身经济承受能力。但是，律师在从事企业合规业务时也需要注意以下事项：

首先，作为第三方组织的律师，应当保持基本的独立性，避免与涉案企业产生利益冲突，不出现利益勾连，与检查机关也不存在法律所禁止的利害关系。其次，为企业打造合规计划的协助律师，更多的是参与涉案企业的辩护与代理，应当根据《律师法》等法律规定尽到勤勉尽责的义务。最后，律师应以客观、公正的态度帮助企业进行合规整改，不能鼓励企业反向利用企业合规来套取制度红利。律师也不能为了自身的利益，帮助企业"钻漏洞"或违规避免检查。

---

① 陈瑞华：《律师如何开展合规业务（四）》，《中国律师》2020年第12期。

# 第十五章　律师办理涉外业务

## 第一节　涉外业务的现状

我国涉外业务的法律市场体量是非常大的。根据商务部新闻发布会可知，截至 2020 年 2 月，我国境内投资者共对全球 147 个国家和地区的 1733 家境外企业进行了非金融类直接投资，累计实现投资 1078.6 亿元人民币。其中，对"一带一路"沿线国家新增投资金额同比增长 18.3%。就吸引外商投资而言，由中国商务部国际贸易经济合作研究院编制的《跨国公司投资中国 40 年报告》（以下简称《报告》）正式发布。《报告》显示，2018 年，中国吸收外商投资达 1349.7 亿美元，居全球第二位。截至 2018 年底，中国累计设立外商投资企业 96.1 万家，实际吸收外商投资 2.1 万亿美元，已经成为全球最大的外商投资东道国之一。[①]

从外事外贸上看，2019 年前 11 个月，我国的贸易总额为 3.95 万亿美元，全年预计在 4.4 万亿美元左右。我国的对外贸易是出口大于进口的情况，保持贸易顺差，经济走势依旧十分强劲。

涉外经济的发展伴随的是涉外法律服务的快速发展。从司法部的官方网站获悉，2018 年，我国国内律师共办理涉外法律事务近 12.7 万件，同时还办理

---

① 佚名：《重磅！〈跨国公司投资中国 40 年报告〉发布》，据搜狐新闻：https://www.sohu.com/a/348156329_120214181.

了许多重大涉外案件，如诉美国反补贴措施世贸争端案等。服务领域囊括反倾销反补贴调查、涉外知识产权争议、境外投融资等法律事务。

这些年，我国涉外法律服务业有了长足发展，但涉外律师的发展与涉外法律服务的巨大需求并不相配。我国面临着涉外法律人才短缺的现状。[①]

因此，从整个涉外业务的体量、涉外法律人才的缺口、时代机遇来看，如果律师愿意从事涉外业务，对律师的未来发展很有帮助，而且发展前景也较为广阔。

## 第二节 涉外业务的分类

涉外业务的定义是十分宽泛的，它与我国的经济发展息息相关。过去我们讨论的涉外业务更多是在说外商投资企业到中国进行投资活动产生的法律问题，而在"一带一路"的背景下，我们更多讨论的是中国企业在其他目标国家进行投资、建设、贸易等经济活动而产生的涉及外国法律、国际条约、国际公约等法律适用问题，以及国际上因商业合作而引发的争议解决的问题。与单纯适用中国境内的法律不同，涉外业务在适用法律和法律服务等方面更为宽泛。

---

① 目前，能够从事涉外业务的律师人才极其缺乏，根据司法部的统计，截至 2019 年底，全国共有执业律师 47.3 万多人，涉外律师人数不足 1%。由中国官方机构公布的 20 个涉外律师人才库名单，以及《钱伯斯全球指南 2019》中资律所的中国律师名单，共计收录 2262 名律师。这 2262 名涉外律师分布于我国 31 个省级行政区域。其中，北京、上海、广东 3 省市入选律师达 943 人，占总人数的 41.7%。而能够在世界贸易组织（WTO）领域的争端解决机制、反倾销、反补贴、知识产权保护等业务领域提供服务的，不足 200 人。

司法部目前对涉外律师业务进行了划分，分别是国际经济合作、国际贸易、海商海事、金融与资本市场、跨国犯罪与追逃追赃、跨境投资、民商事诉讼与仲裁、能源与基础设施、知识产权及信息安全这九大类。①

涉外业务的种类繁多，律师要从事涉外业务，应明确以某一类别作为主攻方向。因为不同类别的涉外业务，其法律关系、法律适用、监管主体等都不同。例如，在涉及自然人的法律业务中，可能会涉及身份、国籍、税籍的规划、跨境婚姻、移民、跨境置业等法律问题；在服务贸易公司的过程中，可能会涉及国际货物买卖、合同起草及审理、风险防控、跨境电商等相关问题；跨境投资并购、融资等相关服务量随着中国企业走出去也日益见长，如企业发债、增发业务等；除此之外，还有跨国刑事犯罪涉及的法务、国际工程涉及的各类律师法律业务，都存在各自的侧重点。②涉外律师不可能面面俱到，只需要抓住某一类涉外案件的核心知识进行深耕，就能有所收获。

## 第三节　涉外律师的基本技能

从事涉外业务的律师，应具备的基本技能和基本素养包括外语能力、知识储备、统筹沟通能力等。

（一）基本的外语能力

从事涉外业务的律师，要具备一定的外语能力。这里的外语能力是不是指涉外律师都需要具有海外留学背景，或者英语双学位的学历呢？其实，外语只

---

① 向党、吴新明：《涉外案件处置》，中国人民公安大学出版社，2011。
② 杜成子：《我国涉外律师培养现状、问题和路径》，《前沿》2021年第4期。

是一个沟通的工具,当涉外律师在与国外的客户、律师等用外语进行沟通交流时,只要能够完整、正确地表达自己的观点并让对方明白自己想表达的意思就可以。也就是说,在与外国客户及律师沟通时,具备可以无障碍交流的外语水平就可以满足基本的要求了。当然,希望在涉外业务领域有更多建树的律师,可以通过深入学习外语知识、用外语进行法律文书写作等方式,精进自己的业务能力,提升业务水平。如果律师的外语水平较高,或者掌握多种外语的话,对于拓展案源和扩大业务范围都是有利的。

### (二)丰富的知识储备

涉外法律业务涉及的法律知识相对于国内法律来说,更为庞杂。当涉外律师接受当事人的一项委托后,需要尽可能地了解当地的相关法律法规,包括聘请当地的律所或者咨询机构提供相关法律文件,同时,涉外律师还应与时俱进,对国际条约的修订等要有敏锐的感知力。此外,在外国法律中,判例法占比较高。近年来,判例法国家也越来越多地采取了颁布法典的方式。在我国这样一个成文法国家中,判例也发挥着不可忽视的作用。英美法系和大陆法系之间的界限越来越模糊,这就使其拥有了许多共通之处。作为涉外律师,应该注意积累国外的典型判例,了解国外最新制定的成文法,同时,应该在工作中积累一些常用的国外的网站、工具、合同模板,时常总结工作思路及方法。[①]

### (三)统筹沟通能力

涉外律师应发挥中国在案件的统筹、沟通和衔接作用,包括境外服务机构的对接、境外并购标的的选择、行业深度研究和意见、融资渠道推荐、项目的撮合等。尤其是大型的中央企业和国有企业,更希望有一个法律事务的统筹者,实现及时、高效的回馈,并快速通过其内部程序。此外,涉外业务往往伴随着

---

① 中国涉外律师领军人才:《涉外律师在行动:中国涉外律师领军人才典型涉外案例汇编》,法律出版社,2015。

不同文化的交流,如中西方文化的不同会导致涉外业务存在认知难题,因此,要从事涉外业务的律师,应注重培养自己的统筹沟通能力,尤其是对境外律师工作模式、行业排名和细分领域的行业律师的筛选有所把握,能够引荐相应的外国律师、把控外国律师的专业度及控制成本,就能更好地体现中国律师的价值,提升中国律师对项目的话语权,更好地实现项目间的配合。[1]

## 第四节　涉外业务需要了解的法律规定

### (一)涉外案件的认定和管辖

对于涉外民事案件的认定,我国《最高人民法院关于适用〈中华人民共和国民事诉讼法〉的解释》作出了明确的规定。[2]

对于涉外民事案件的管辖,如果是采用诉讼方式解决,根据我国《民事诉讼法》,在没有特别约定的情况下,在不违反级别管辖和专属管辖的前提下,就涉外民事争议来说,双方可以选择由原告所在地、被告所在地、合同签订地、合同履行地、诉讼标的物所在地、可供扣押财产所在地、侵权行为地或者代表机构住所地的人民法院管辖。

---

[1] 赵泽君、高峰:《律师实务英语:涉外律师必备》,中国法制出版社,2012。
[2] 《最高人民法院关于适用〈中华人民共和国民事诉讼法〉的解释》第五百二十二条规定,有下列情形之一,人民法院可以认定为涉外民事案件:
　　(一)当事人一方或者双方是外国人、无国籍人、外国企业或者组织的;
　　(二)当事人一方或者双方的经常居所地在中华人民共和国领域外的;
　　(三)标的物在中华人民共和国领域外的;
　　(四)产生、变更或者消灭民事关系的法律事实发生在中华人民共和国领域外的;
　　(五)可以认定为涉外民事案件的其他情形。

如果是采用仲裁方式解决，根据我国《仲裁法》，当事人之间发生的合同纠纷和其他财产权益纠纷，当事人可以达成仲裁协议（含合同中的仲裁条款），仲裁不实行级别管辖和地域管辖。因此，涉外民事案件可以根据约定的仲裁协议选择受理涉外案件的仲裁委员会，并作为争议处理机构。

### （二）涉外证据

在解决涉外争议的过程中，在我国领域外形成的证据，能否成为国内诉讼或仲裁中认可的证据呢？

根据《关于民事诉讼证据的若干规定》，域外证据在得到所在国公证机关的证明，并经我国驻该国使领馆予以认证，或履行我国与域外证据所在国签订的有关条约中规定的证明手续，才能够成为在我国争议解决中得到认可的证据。

若域外证据是在中国香港、澳门、台湾地区形成的，应当履行相关的证明手续。但如果其所在国与我国没有外交关系，则该证据应经与我国有外交关系的第三国驻该国使领馆认证，再转由我国驻该第三国使领馆认证。[①]

### （三）涉外文书送达

按照我国民事诉讼法，对方当事人在我国境内没有住所，送达可按照如下方式：（1）向本人送达，即向受送达人的自然人或者法人、其他组织的法定代表人、主要负责人送达；（2）向代收人送达，即受送达人在境内有代收人的，向代收人送达。代收人有以下四类：受送达人委托的诉讼代理人、受送达人在境内设立的代表机构、有权接受送达的分支机构、业务代办人。

### （四）其他涉外法规

涉外业务不仅包括在我国境内的案件，也包括境外的案件，律师在办理涉外案件时，如果在我国境内办理，就需要遵守我国《民事诉讼法》《民法典》

---

[①] 段祺华：《涉外法律实务操作及深度剖析》，法律出版社，2013。

的相关规定,同时也需要考虑我国缔结的国际条约是否有不同的规定。[①]当然,律师办理其他涉外案件,也需要参考相关的国际条约。律师需要掌握的常见国际法规如下:

1. 国际贸易:《联合国国际货物销售合同公约》《国际商事合同通则》《欧洲统一买卖法》《欧洲契约原则》《国际贸易术语解释通则》《跟单信用证统一惯例》等。

2. 国际投资:《国际投资争端解决中心公约》《北美自由贸易协定》《联合国承认和执行外国仲裁和裁决公约》《联合国关于国家责任条款(草案)的评注》《美国双边投资协定范本》《亚洲基础设施投资银行协定》等。

3. 国际私法:《罗马规则Ⅰ》《罗马规则Ⅱ》《德国国际私法》《贸易法委员会仲裁规则》等。

4. 国际公约:《联合国禁止非法贩运麻醉药品和精神药物公约》《关于从国外调取民事或商事证据的公约》《关于向国外送达民事或商事司法文书和司法外文书公约》等。

---

① 《民事诉讼法》第二百六十七条规定,中华人民共和国缔结或者参加的国际条约同本法有不同规定的,适用该国际条约的规定,但中华人民共和国声明保留的条款除外。

# 参考文献

[1]邱志红. 现代律师的生成与境遇[M]. 社会科学文献出版社，2012.

[2]冀祥德. 律师法学的新发展[M]. 中国社会科学出版社，2016.

[3]谭世贵. 律师法学[M]. 法律出版社，2013.

[4]徐家力，王文书. 律师实务：第4版[M]. 法律出版社，2010.

[5]谭世贵，黄永锋，李建波. 律师权利保障与律师制度改革[M]. 中国人民公安大学出版社，2010.

[6]张勇. 律师职业道德[M]. 法律出版社，2015.

[7]任继鸿. 律师实务与职业伦理[M]. 中国政法大学出版社，2014.

[8]许身健. 法律职业伦理[M]. 北京大学出版社，2014.

[9]张品泽. 律师学[M]. 中国人民公安大学出版社，2015.

[10]张勇. 远见:提升律师执业技能的164个细节[M]. 法律出版社，2011.

[11]朱加宁，徐鹏. 律师事务技能十字诀：律师各项业务的特点和操作要领[M]. 法律出版社，2013.

[12]钱列阳，娄秋琴. 刑事诉讼律师基础实务[M]. 中国人民大学出版社，2014.

[13]李世清. 实习律师执业基本技能[M]. 中国政法大学出版社，2015.

[14]张武举. 刑事诉讼业务办理规范与技能[M]. 法律出版社，2013.

[15]北京市律师协会. 民事法律实务疑难问题探析[M]. 北京大学出版社，2012.

[16]上海市律师协会律师学院，谭芳. 民事诉讼律师实务[M]. 法律出版

社，2014.

[17]翟雪梅. 民事诉讼律师基础实务[M]. 中国人民大学出版社，2014.

[18]加里·B. 博恩著，白麟、陈福勇译. 国际仲裁：法律与实践[M]. 商务印书馆，2015.

[19]朱宣烨. 仲裁法实务精要与案例指引[M]. 中国法制出版社，2015.

[20]李广辉. 律师事务与仲裁法学[M]. 暨南大学出版社，2009.

[21]袁怀军. 中国律师公证与仲裁法学[M]. 西南交通大学出版社，2012.

[22]李祖军，林蜀鲁. 律师实务教程[M]. 中国人民大学出版社，2013.

[23]韩健. 商事仲裁律师基础实务[M]. 中国人民大学出版社，2014.

[24]赵泽君，高峰. 律师实务英语 涉外律师必备[M]. 中国法制出版社，2012.

[25]段祺华. 涉外法律实务操作及深度剖析[M]. 法律出版社，2013.

[26]向党，吴新明. 涉外案件处置[M]. 中国人民公安大学出版社，2011.

[27]中国涉外律师领军人才. 涉外律师在行动：中国涉外律师领军人才典型涉外案例汇编[M]. 法律出版社，2015.

[28]中国人民大学律师学院组. 企业法律风险管理律师实务[M]. 法律出版社，2014.

[29]高明. 刑事诉讼律师实务[M]. 法律出版社，2014.

[30]何金英. 从历史起源分析律师角色定位[J]. 法制博览，2018（25）：59-60+56.

[31]王浩然. 宋代讼师与英国中世纪律师对我国律师制度建设的比较研究[J].商品与质量，2012（S4）：164.

[32]陆丽. 我国律师职业历史发展之探讨[J]. 法制与社会，2011（12）：286-287.

[33]陈同. 律师制度的建立与近代中国社会变迁[J]. 社会科学，2014（07）：161-169.

[34]邱志红. 从"讼师"到"律师"：从翻译看近代中国社会对律师的认

知[J]. 近代史研究, 2011（03）：47-59+160.

[35]张华强. 从"邓析应法"看制度管理[J]. 企业管理, 2010（012）：24.

[36]张西振. 从垄断红利到规则红利[J]. 企业管理, 2013（05）：85-87.

[37]尤陈俊. 阴影下的正当性：清末民初的律师职业与律师制度[J]. 法学, 2012（12）：41-54.

[38]沈伟. 民国律师的养成与律师制度的局限：以1930年代的上海为例[J]. 北方法学, 2017, 11（04）：147-160.

[39]梁翠. 论民国时期中国律师制度创建中的重要问题和选择[J]. 中外企业家, 2013（02）：151-152.

[40]王福强, 付子堂. 实践驱动：新中国律师制度研究70年[J]. 山东大学学报（哲学社会科学版）, 2019（06）：10-25.

[41]王倢婷. "律师正义"在中国的生存状态与价值评判[J]. 贵州社会科学, 2011（03）：133-136.

[42]蒋超. 我国律师性质的流变与重塑：从"本位主义"到"自由职业"[J]. 安徽大学学报（哲学社会科学版）, 2018, 42（02）：130-137.

[43]张淑芬, 童雪梅. 社会律师与公司法务协同防范企业家刑事风险[J]. 法制博览, 2019（04）：45-46+44.

[44]蔡洪增. 法治视野下的公职律师制度研究[J]. 法制与社会, 2015（24）：46-48.

[45]高位. 国有企业法律顾问、公司律师的工作原则及职能作用[J]. 人民法治, 2017（10）：84-85.

[46]崔梦雪, 熊樟林. 论公司律师的概念构成[J]. 东南法学, 2021（01）：190-206.

[47]杜宜茂. 关于加强军队律师工作的思考[J]. 基层政治工作研究, 2021（9）：2.

[48]平达. 我国军队律师的专业化[J]. 中国律师, 2013（08）：42-44.

[49]石艳芳. 我国律师执业条件制度的完善[J]. 内蒙古农业大学学报（社

会科学版），2012，14（01）：26-28.

[50]王鹏程,余锡文.高校兼职律师:在承担社会责任过程中传承法治精神[J].中国律师,2015（05）：59-60.

[51]吴丹红.兼职律师制度研究：主要以《律师法》第12条为对象[J].司法改革论评,2011（00）：154-171.

[52]万江.法学教师兼职律师的角色冲突及其治理研究[J].法学教育研究,2019,26（03）：401-416.

[53]吴晨.再论律师宣誓 重建职业尊荣[J].中国律师,2018（11）：18-19.

[54]黄东东.民事法律援助范围立法之完善[J].法商研究,2020,37（03）：127-140.

[55]周章金.律师执业的刑事法律责任及其豁免[J].网友世界,2012（13）：33-37.

[56]薛洲.浅析刑辩律师如何接待当事人[J].法制博览,2016（15）：171-172.

[57]秦小芬.分析律师如何接待当事人[J].法制博览,2017（24）：177.

[58]崔雪莹.我国仲裁与民事诉讼的比较研究[J].长江丛刊,2020（05）：120-121.

[59]王梦露.网上仲裁协议的形式效力研究[J].西部学刊,2020（24）：107-109.

[60]桂艳.仲裁协议效力的扩张及其认定[J].人民司法,2020（05）：70-74.

[61]王静.从司法实践看仲裁协议有效性准据法确定规则[J].安徽理工大学学报（社会科学版）,2020,22（04）：7-13.

[62]牛鹏.仲裁协议中仲裁机构约定不明的认定[J].湖北经济学院学报,2021,19（02）：117-124.

[63]刘清启.合同仲裁条款效力的司法审查[J].人民司法,2020（14）：

82-85.

［64］杨荣宽，何江文. 当前仲裁机制存在的问题及完善建议［J］. 中国法治文化，2015（03）：24-27.

［65］胡建伟. 法治化营商环境视阈下律师参与企业合规管理的价值及功能分析［J］. 中国司法，2022（03）：95-98.

［66］刘春松. 律师角度的企业合规分析［J］. 法制博览，2022（09）：71-73.

［67］陈瑞华. 律师如何开展合规业务（四）［J］. 中国律师，2020（12）：85-88.

［68］杜成子. 我国涉外律师培养现状、问题和路径［J］. 前沿，2021（04）：91-97.